COLLECTION BLÉRIOT

ERREURS
ET
MENSONGES HISTORIQUES

BREF DE SA SAINTETÉ LE PAPE PIE IX

A NOTRE CHER FILS,

CHARLES BARTHÉLEMY,

A VERSAILLES.

Pie IX, Pape.
Cher fils, Salut et Bénédiction Apostolique.
Depuis longtemps la peste du mensonge a envahi non-seulement les journaux, mais encore l'histoire elle-même, de telle sorte qu'un des plus illustres écrivains de ces derniers temps a pu proclamer que l'histoire des trois derniers siècles n'est autre chose qu'une perpétuelle conjuration contre la vérité.

Jamais certes la vérité n'a manqué de champions qui s'attachassent à déchirer les voiles tissus par la calomnie, à réfuter les erreurs, à écrire de nouveaux livres conformes à la vérité ; et toujours cependant les mêmes calomnies ont repris une nouvelle vie ; on a vu se produire au jour et dans le monde les mêmes erreurs qui, le visage couvert de nouveaux masques, se sont appuyées sur de nouveaux sophismes, pour tromper ceux qui ne sont pas sur leurs gardes.

Il est donc de la plus haute importance de battre en brèche cette opiniâtre impudence par de nouvelles réfutations, — surtout par ces réfutations que leur brièveté engage à les lire et dont le modique prix d'achat peut les mettre facilement à la portée de tous.

C'est pourquoi, bien que — chargé de tant d'affaires très-graves, — Nous n'ayons pas encore pu lire l'ouvrage que vous Nous avez offert et que vous avez intitulé : *Erreurs et mensonges historiques*, cependant Nous approuvons pleinement votre but.

Tandis que vous travaillez à un plus grand ouvrage destiné à la gloire de l'Eglise et à l'utilité des fidèles, vous avez consacré quelques heures de plus à ce livre.

En vous exprimant Notre gratitude, Nous vous exhortons à poursuivre sans relâche le grand travail que vous avez entrepris, et comme gage de Notre très-affable bienveillance envers vous, Nous vous donnons, cher fils, très-affectueusement la Bénédiction Apostolique.

Donné à Rome, près Saint-Pierre, le seizième jour de septembre 1863, la dix-huitième année de Notre Pontificat.

PIE IX, PAPE.

ERREURS
ET
MENSONGES HISTORIQUES

PAR

M. CH. BARTHÉLEMY

MEMBRE DE L'ACADÉMIE DE LA RELIGION CATHOLIQUE DE ROME.

La première série de cette publication a été honorée d'un Bref de Sa Sainteté le Pape
Pie IX

> Ce n'est pas le mensonge qui passe par l'esprit,
> qui fait le mal, c'est celui qui y entre et qui s'y fixe.
> (BACON, *Politique*, IIe partie, p. 48, 1742.)
> L'erreur qui précède la réalité n'en est que
> l'ignorance, l'erreur qui la suit en est la haine.
> (VALÉRY, *Études morales, politiques*, etc.,
> 2e édition, p. 80, 1824.)

ONZIÈME SÉRIE

L'État, c'est moi! — Froissart est-il un historien partial? La mort de Raphaël. — Un roman à propos de Philippe II. — La vérité sur Urbain Grandier. — Omar a-t-il fait brûler la bibliothèque d'Alexandrie? — La religion de Shakespeare. — Voltaire historien. — Les Vêpres siciliennes.

PARIS
BLÉRIOT FRÈRES, LIBRAIRES-ÉDITEURS
55, QUAI DES GRANDS-AUGUSTINS, 55

1879

ERREURS

ET

MENSONGES HISTORIQUES

L'ÉTAT, C'EST MOI!

Le propre du vulgaire, dans tous les temps, a été et est encore une extrême et déplorable facilité à conclure du particulier au général, d'un fait isolé à tout un ensemble de faits pour ou contre tel individu ou telle chose. Dans ce vulgaire, hélas! que de gens d'esprit dont la paresse s'accommode à merveille de cette façon sommaire de juger et de condamner sans retour un homme ou une institution! Pour ne parler ici que de Louis XIV, sur le compte duquel on a accumulé un stock énorme d'erreurs, de mensonges, de bévues, — la fausse tradition qui représente ce monarque préludant à son règne par une équipée digne tout au plus d'un gascon de comédie, d'un matamore, d'un capitaine Fracasse, en un mot l'entrée au parlement (en tenue de chasse, botté, éperonné et le fouet à la main), cette tradition est acceptée et a reçu force de loi, pour ainsi dire, tant le fait qu'elle éveille à l'instant s'est profondément incrusté dans presque toutes les cervelles.

Pour une partie du public qui se pique de pratiquer la philosophie de l'histoire, par ce seul fait Louis XIV se révèle tout entier; c'est bien l'homme qui va dire, qui dit déjà, en la même occurrence (toujours le fouet à la main) : « L'Etat, c'est moi! » c'est l'idéal du vaillant, de l'homme qui ne craint rien et, comme le héros d'une féerie bien connue, *ne connaît point d'obstacles*. Pour une autre partie du public grisée de libéralisme, dans ce seul fait se révèle un sans façon de despotisme, qui devait enfanter toute une réaction débouchant un jour à fond de train sur le seuil de 1789.

Eh bien, par malheur pour ces deux moitiés du public et à l'éternel honneur de Louis XIV et des conseillers de sa jeunesse, — Anne d'Autriche et Mazarin, — ce double point de vue est complètement faux.

1

Voyons d'abord quel est le premier écrivain qui, près d'un siècle après l'événement en question, a mis en circulation ce racontar, et bien d'autres aussi peu fondés, dont ses ouvrages soi-disant historiques fourmillent. On a déjà nommé Voltaire et son *Siècle de Louis XIV*.

Or, voici comment Voltaire, le Français que l'on connaît, a mis, au siècle dernier, en circulation la susdite anecdote :

« L'étude que Louis XIV avait trop négligée avec ses précepteurs au sortir de son enfance, une timidité qui venait de la crainte de se compromettre et l'ignorance où le tenait le cardinal Mazarin, firent penser à toute la cour qu'il serait toujours gouverné comme Louis XIII, son père.

« Il n'y eut qu'une occasion où ceux qui savent juger de loin prédirent ce qu'il devait être ; ce fut lorsqu'en 1655, après l'extinction des guerres civiles, après sa première campagne et son sacre, le parlement voulut encore s'assembler au sujet de quelques édits ; le roi partit de Vincennes, en habit de chasse, suivi de toute sa cour, entra au Parlement, en grosses bottes, le fouet à la main, et prononça ces propres mots : « On sait les malheurs « qu'ont produits vos assemblées ; j'ordonne qu'on cesse « celles qui sont commencées sur mes édits. Monsieur « le premier président, je vous défends de souffrir des « assemblées et à pas un de vous de les demander. »

« Sa taille déjà majestueuse, — continue Voltaire, — la noblesse de ses traits, le ton et l'air de maître dont il parla, imposèrent plus que l'autorité de son rang qu'on avait jusque-là peu respectée. Mais ces prémices de sa grandeur semblèrent se perdre le moment d'après ; et les fruits n'en parurent qu'après la mort du cardinal (1). »

En vérité, ne dirait-on pas — à lire ce récit dramatique, — que Voltaire assistait en personne à cette mémorable séance ? Mais, si vieux qu'il ait vécu, il est de toute invraisemblance qu'il ait même pu tenir ce fait d'un témoin oculaire et auriculaire. Voltaire ne cite nulle source où il ait puisé cela ; ce qui n'empêche pas son

---

(1) Voltaire, *Siècle de Louis* XIV, chap. xxv. Particularités et anecdotes du règne de Louis XIV.

zélé éditeur, Beuchot, à la date de 1830, et à propos de cette anecdote, de s'exclamer : «Ces paroles de Louis XIV, fidèlement recueillies, sont dans tous les Mémoires authentiques de ce temps-là : il n'est permis ni de les omettre ni d'y rien changer dans aucune histoire de France.

« L'auteur des *Mémoires de Maintenon* s'avise de dire au hasard dans sa note : « Le discours de Louis XIV ne « fut pas tout à fait si beau, et ses yeux en dirent plus « long que sa bouche. » Où a-t-il pris — s'écrie Beuchot, — que le discours de Louis XIV ne fut pas tout à fait si beau, puisque ce furent là ses propres paroles ? Il ne fut ni plus ni moins beau ; il fut tel qu'on le rapporte. Voltaire l'a encore reproduit dans le chapitre LVII de son *Histoire du Parlement* (1). »

Belle conclusion et digne de l'exorde !

M. Beuchot, vous vous fâchez ; donc vous avez tort. C'est évident. Vous ne citez d'ailleurs aucun de ces *Mémoires authentiques* si nombreux où, selon votre cavalière affirmation, les paroles que Voltaire prête à Louis XIV ont été « fidèlement recueillies. »

En 1820, dix ans avant Beuchot, M. Lacretelle jeune, dans son article Louis XIV, de la Biographie Michaud, avait écrit ceci :

« Louis, âgé de dix-sept ans, se chargea d'aller intimider des magistrats qui l'avaient si souvent réduit à la fuite. Il n'eut point recours à l'appareil des lits de justice. Soit qu'il suivît les instructions du cardinal, soit qu'il se

---

(1) Œuvres de Voltaire, tome XX, p. 126. — Cs. œuvres de Voltaire, tome XXII, p. 275 et 276.

livrât à l'emportement d'un jeune prince enivré de son pouvoir, il se rendit au Parlement, précédé de plusieurs compagnies de ses gardes, en équipage de chasse, un fouet à la main et commanda l'enregistrement avec des paroles hautaines et menaçantes. Le Parlement obéit et dévora en silence cet affront. Louis sut depuis s'abstenir de ces bravades despotiques(1). »

On ne saurait pas que cela a été écrit en 1820 qu'on s'en douterait, rien qu'à la saveur ultra-libérale qui s'exhale de ce morceau.

Vingt ans après, M. de Sismondi, dans son *Histoire des Français*, reprenait le récit de Voltaire et celui de M. Lacretelle jeune et en doublait la gravité, en ces termes :

« Le jeune monarque, qui n'avait pas encore atteint seize ans et en qui sa mère n'avait songé à développer que l'orgueil et l'instinct du despotisme, accourut de Vincennes le jour destiné à l'assemblée, en habit de chasse, accompagné d'une partie de sa cour. Il monta dans la grand'chambre en grosses bottes et le fouet à la main ; il traversa le parquet, se mit à la place du premier président et déclara d'un ton de maître qu'il défendait aux Chambres de s'assembler extraordinairement, sans ses ordres, sous peine d'encourir son indignation (2). »

De 1820 à 1840, de M. Lacretelle jeune à M. de Sismondi, les *plusieurs compagnies des gardes du roi* se sont réduites à *une partie de sa cour*. Mais, les *grosses bottes* et le *fouet à la main* ont été conservés ; il semble même, à entendre

---

(1) Biog. Michaud, tome XXV, p. 1697, col. 1.
(2) Sismondi, tome XXIV, p. 501 et 502.

M. de Sismondi et son style de Suisse francisé, que ce ne fut qu'au moment d'entrer au Parlement que Louis XIV chaussa les grosses bottes et s'arma du fouet à la main, comme de deux détails de mise en scène essentiels, voire indispensables à l'effet terrifiant qu'il voulait produire sur le Parlement.

M. Th. Lavallée, en 1847, à la veille d'une nouvelle évolution de la Révolution de 1789, accentue encore davantage la conduite de Louis XIV, en cette circonstance :

« Le jeune roi partit de Vincennes, où il chassait, et entra dans la grande chambre, botté, *éperonné*, le fouet à la main : « Messieurs, dit-il, etc. » Ici, le speach inventé par Voltaire, à la façon des harangues de Tite-Live.

« Le Parlement se tut devant ce roi de dix-sept ans, et pendant plus d'un demi-siècle il ne s'éleva contre la royauté aucune opposition, aucune plainte, aucun murmure, ni de la noblesse, ni du clergé, ni du peuple ; il n'y eut pour elle que des adorations. *L'État, c'était le roi* (1) ! »

Que dites-vous du mot de la fin, et n'est-il pas bien placé ici ?

Dans le récit de M. Th. Lavallée, il y a une nouvelle circonstance aggravante à la charge de Louis XIV ; il est non-seulement botté mais encore *éperonné*, sans préjudice du fouet à la main.

Cependant de 1847 à 1858, époque où parut la quatrième édition de l'*Histoire de France* de M. H. Martin, — un érudit éminent, impartial avait fait bonne justice de

---

(1) Th. Lavallée, tome III, p. 185 et 186.

l'anecdote de Voltaire (1). Mais, M. H. Martin avait sans doute oublié de lire cet ouvrage ou, s'il l'avait parcouru il en fit peu de cas, puisqu'il reprit, dans les mêmes termes que ses devanciers, l'historiette et y ajouta une bévue remarquable : « Le roi accourut de Vincennes, en habit de chasse et en grosses bottes, accompagné de toute sa cour dans le même équipage, monta dans son lit de justice en ce costume *inusité* (sic), défendit, en quatre mots, au Parlement de s'assembler et sortit « sans ouïr aucune harangue (2). »

Ineffable, la bévue de M. H. Martin, qui prend ce que l'on appelait jadis un *lit de justice* pour un meuble, et y fait monter en grosses bottes le monarque peu civil ! Or, on appelait *lit de justice*, dans l'ancienne monarchie, une séance solennelle du Parlement, où le roi siégeait sur une piles de coussins, entouré des grands du royaume et des douze pairs. Comme le premier usage des lits de justice remonte, dit-on, à Charles V, et au quatorzième siècle, voilà donc que pendant plus de quatre siècles, de Charles V à Louis XIV, un lit de justice aurait été un meuble de chambre à coucher (3) ?...

Mais, hâtons-nous... L'adjectif *inusité* et les *quatre mots* de la fin de son récit, M. H. Martin les a empruntés

---

(1) A. Chéruel, *Histoire de l'administration monarchique en France depuis l'avénement de Philippe Auguste jusqu'à la mort de Louis* XIV (1855), tome II, p. 32-34.

(2) *Hist. de France,* tome XII, p. 467 et 468.

(3) Voyez *Lettres sur les lits de justice,* par Le Paige (Paris, 1756).

aux Mémoires de Montglat (1), qu'il n'a pas compris, ainsi qu'on va le voir tout-à-l'heure.

Deux ans se passent encore, de 1858 à 1860, époque à laquelle M. E. de Bonnechose publie, dans la Biographie Didot, une Notice sur Louis XIV, où l'on retrouve les mêmes particularités, sans oublier le *fouet à la main*, dont cependant M. H. Martin semblait avoir fait assez bon marché, dans une timide note, au bas de la page : « Le fouet, que certains récits mettent à la main du roi, est peut-être une addition postérieure, destinée à augmenter l'effet du tableau (2). »

L'effet du tableau est charmant. Trop amoureuse du pittoresque, l'école moderne d'histoire !...

Enfin M. Dareste, un homme sérieux cependant, n'a pu se débarrasser des grosses bottes ; mais, dans une note, il dit : « La véritable scène est rapportée dans les Mémoires de Montglat. Plus tard, on a exagéré et amplifié les circonstances. L'abbé de Choisy, autorité des moins sûres, est le premier qui ait écrit, au moins trente ans plus tard, que Louis XIV avait un fouet à la main (3). »

Voici donc enfin la véritable scène, telle que la rapporte Montglat, un contemporain : « La mémoire des choses passées faisait appréhender ces assemblées du Parlement, après les événements funestes qu'elles avaient causés. Cette considération obligea le roi de partir du château de Vincennes, et de venir le matin, au Parle-

---

(1) H. Martin, *Ibid. ut sup.* p. 467, note 2. — (2) H. Martin, *Ibid.*

(3) Dareste, *Hist. de France*, tome V, p. 353, note 1.

ment, en justaucorps rouge et chapeau gris, accompagné de toute sa cour en même équipage, ce qui était inusité jusqu'à ce jour. Quand il fut dans son lit de justice, il défendit au Parlement de s'assembler; et après avoir dit quatre mots, il se leva et sortit sans ouïr aucune harangue (1). »

Mme de Motteville, autre contemporaine, est d'accord avec Montglat, et dit, de plus, que Louis XIV était *en grosses bottes* (2).

J'ai parcouru et reparcouru les Mémoires de l'abbé de Choisy (3), sans y trouver la mention du *fouet à la main*, qu'il faut, je crois, laisser à Voltaire.

— Fort bien ! Vous niez les circonstances aggravantes du fait en question ; mais quels témoignages apportez-vous à la décharge de Louis XIV, en cette circonstance assez importante de sa vie, ce nous semble ?

— C'est un homme d'une haute compétence, pour ce qui regarde le règne du grand roi, c'est M. Chéruel, qui va se charger de vous répondre à cet égard. Après avoir exposé dans son *Histoire de l'administration monarchique en France*, etc., les nouvelles tendances du Parlement à la

---

(1) Mémoires de Montglat, dans la collection Petitot, 2e série, tome L, p. 438. M. Gaillardin, *Histoire du règne de Louis XIV, récits et tableaux*, tome II, (1871) p. 82 et 83, dit que Louis XIV était « en habit de chasse, en bottes éperonnées, le fouet à la main. » M. Guizot, *Hist. de France racontée à mes petits enfants*, tome IV, p. 236, cite Montglat, sans ajouter aucune réflexion.

(2) Collection Petitot, 2e série, tome XXXIX, p. 363.

(3) Les Mémoires de Choisy ont été publiés dans la coll. Petitot, 2e série, tome LXIII.

rébellion, dans les premiers jours d'avril 1655, M. Chéruel ajoute :

« C'est ici que l'on place, *d'après une tradition suspecte*, le récit de l'apparition de Louis XIV dans le Parlement, en habit de chasse, *un fouet à la main*, et qu'on lui prête la réponse fameuse aux observations du premier président, qui parlait de l'intérêt de l'Etat: « L'Etat, c'est moi ! » Au lieu de *cette scène dramatique, qui s'est gravée dans les esprits*, les documents les plus authentiques nous montrent le roi, imposant silence au Parlement, mais sans affectation de hauteur insolente. Je citerai, entr'autres, le récit du *Journal* (manuscrit), où se trouve la relation exacte de cette affaire. L'auteur, qui est favorable au Parlement, aurait certainement signalé les circonstances que je viens de rappeler, si elles étaient réelles. »

Ce récit, qu'il serait trop long de reproduire ici, et dont la conclusion nous suffit, se termine par ces mots : « Sa Majesté s'étant levée promptement, sans qu'aucun de la compagnie eût dit une seule parole, elle s'en retourna au Louvre, et de là au bois de Vincennes, dont elle était partie le matin, et où M. le cardinal l'attendait (1). »

---

(1) Chéruel, *op. cit. sup.*, p. 32-34. « Louis XIV chassait alors à Vincennes ; cette circonstance explique le costume un peu insolite que lui attribue Montglat, et qui consistait en *justaucorps rouge et chapeau gris*, avec de *grosses bottes*. » — Chéruel, p. 341, note 1. — C'est ici le lieu, pour les esprits pointilleux, d'insérer une note à l'effet d'établir que — en dehors de la chasse ou du cheval, — « c'était la chaussure obligée, j'allais dire *obligatoire*, des trois quarts de la population française au XVIIe siècle. » « Il n'y a rien de plus commode (lit-on dans le roman de Francion, écrit et publié à cette époque), pour épargner les bas de soie, à

Ainsi, Mazarin attend le roi, pour apprendre de lui comment tout s'est passé, car Louis XIV, jusqu'à l'époque de la mort de son premier ministre, ne fit jamais rien que d'après ses conseils, et il ne pouvait certes en avoir de meilleurs...

Maintenant, si bien trouvé que soit le mot : « *L'Etat, c'est moi !* » il s'agit de savoir s'il a été dit en cette circonstance ou plus tard, quand Louis XIV régna par lui-même, seul et sans partage, en despote, à ce que l'on dit du moins.

II.

Louis XIV a-t-il dit : « L'État, c'est moi ! » et dans quelle circonstance ou à quelle occasion ? Est-ce à l'âge de vingt-trois ans, à la mort de Mazarin, ou lorsqu'il vint, le fouet à la main, au Parlement, ou bien encore et enfin quand il fut arrivé à l'apogée de sa puissance et de sa gloire ? — En aucune de ces occurrences, ce mot hautain n'était nullement dans le caractère de Louis XIV, il avait trop de véritable fierté et de noble orgueil pour être vain à ce point.

---

qui les crottes font une guerre continuelle, principalement dedans Paris, qui, à cause de sa boue, fut appelé Lutèce. » (*Francion*, livre X.) C'est en effet l'abondance continuelle des boues dans Paris qui avait amené cet usage des bottes, devenu si général. « Ceux d'entre nous, dit le commissaire La Mare, qui ont vu le commencement du règne de Sa Majesté Louis XIV, se souviennent encore que les rues de Paris étaient si remplies de fange que la nécessité avait introduit l'usage de ne sortir qu'en bottes. (*Traité de la police*, tome I, p. 560).

Cependant, nos modernes historiens tiennent cette parole pour authentique, à tel point qu'ils ne craignent pas d'avancer que quand même Louis XIV ne l'aurait pas dite, il a dû de toute nécessité la formuler, puisque selon eux, ce fut la devise de toute sa vie et de son long règne. C'est, ni plus ni moins, un procès de tendance qu'ils intentent au grand roi.

Ainsi, M. Th. Lavallée par exemple, écrivait en 1847, à ce propos : « Le mot fameux, « *L'État, c'est moi !* » ne fut pas dit dans un mouvement d'orgueil, il fut l'expression sincère d'une croyance, et mieux encore la simple énonciation d'un fait (1). »

Et M. E. de Bonnechose, marchant à la suite de M. Th. Lavallée, tranche toute hésitation à l'égard de la paternité du mot attribué à Louis XIV : « Il pouvait dire avec vérité : *L'État, c'est moi* (2) *!*

Comme *vérité*, il ne manque à ce mot que d'avoir été dit.

M. le duc de Noailles, il y a plus de vingt ans, a été — que nous sachions, — le premier qui ait fait bonne et complète justice de cette parole, dont il démontre non-seulement la fausseté, mais encore l'invraisemblance. Voici en quels termes il pose et résout cette importante question, qui donne la clef, en quelque sorte, de toute la politique intérieure et extérieure suivie par Louis XIV pendant un demi-siècle de règne, de 1661 à 1715, l'année même de sa mort :

« Louis XIV, dans la possession et l'enivrement de ce

---

(1) *Hist. des Français*, tome III, p. 197.
(2) Art. Louis XIV, dans la Biog. Didot.

pouvoir presque illimité, a-t-il jamais prononcé ce mot fameux : « *L'État, c'est moi!* » Non-seulement on peut en douter, car il n'est consigné dans aucun mémoire contemporain, mais rien n'est moins avéré que l'anecdote d'où on l'a tiré (celle du fouet à la main, en plein Parlement.)

« Louis XIV, résolu d'abolir les prétentions politiques que le Parlement avait élevées depuis la Fronde et de le réduire à ses attributions judiciaires (1), le fit avec passion, peut-être, mais non de cette façon cavalière, si peu conforme à ses habitudes de dignité royale et d'égards pour les grands corps de l'Etat; il le fit avec tout l'appareil et toute la solennité d'un lit de justice, une première fois dans la séance du 22 décembre 1665, et une seconde fois, mais sans l'appareil du lit de justice, dans la séance du 20 avril 1667... Ces deux séances sont les seules auxquelles Louis XIV assista, et le Journal d'Olivier d'Ormesson, qui en raconte minutieusement les détails, ne fait aucune mention de cette parole hautaine, qu'on a depuis si amèrement censurée...

« Ce mot cependant lui restera, parce qu'il est dans la vérité, si toutefois on le prend dans son vrai sens : le sen-

---

(1) « L'élévation des Parlements en général avait été dangereuse à tout le royaume durant ma minorité. Il fallait les rabaisser, moins pour le mal qu'ils avaient fait que pour celui qu'ils pourraient faire à l'avenir. Leur autorité, tant qu'on la regardait comme opposition à la mienne, produisait de très-mauvais effets dans l'Etat et traversait tout ce que je pouvais entreprendre de plus grand et de plus utile. » — *Mémoires de Louis XIV,* tome I, p. 53.

timent de la communauté qui existe entre l'intérêt du pays et celui de la royauté (1). »

Oui, et c'est ainsi que Louis XIV l'entendait ; laissons-le parler et donnons sa pensée à cet égard, telle qu'il l'a formulée tout entière et sans détours, en ses immortelles instructions pour son fils : « Mon fils, nous devons considérer le bien de nos sujets bien plus que le nôtre propre. Il semble qu'ils fassent une partie de nous-mêmes, puisque nous sommes la tête d'un corps dont ils sont les membres. Ce n'est que pour leurs propres avantages que nous devons leur donner des lois, et ce pouvoir que nous avons sur eux ne nous doit servir qu'à travailler efficacement à leur bonheur. » Et dans un autre endroit : « Le métier de roi est grand, noble, flatteur, quand on se sent digne de s'acquitter de toutes les choses auxquelles il engage. Quand on a l'Etat en vue, on travaille pour soi. Le bien de l'un fait la gloire de l'autre. Quand le premier est heureux, élevé et puissant, celui qui en est cause est glorieux, et par conséquent doit plus goûter que ses sujets, par rapport à lui et à eux, ce qu'il y a de plus agréable dans la vie. »

Un tel point de vue et des sentiments exprimés d'une façon aussi sincère, sont bien faits pour remuer même les esprits les plus prévenus par le système et par le parti-pris contre un prince comme celui-là ; aussi voyons-nous MM. de Sismondi et H. Martin, en dépit des réticences plus maladroites encore que malveillantes que leur inspirent leurs préventions natives, s'exprimer ainsi

---

(1) *Histoire de Mme de Maintenon*, tome III, p. 667-670.

sur le compte de Louis XIV ; ces passages méritent d'être rapportés dans leurs parties essentielles.

« Son entendement, dit M. de Sismondi, était juste et prompt ; il saisissait avec facilité les affaires qui lui étaient exposées : il était doué d'une grande force de volonté, capable d'application et de suite, et sa résolution d'accomplir, dans toute son étendue, sa tâche de roi, ne se relâcha jamais... La lecture de ses Mémoires donne une haute idée, et de l'étendue et de la justesse d'esprit de Louis XIV, et du travail qu'il avait fait sur lui-même, pour s'observer dans l'accomplissement de ses devoirs de roi et même du profond sentiment moral qui l'animait (1). »

Et M. H. Martin :

« Il se mettra en chemin un peu tard, avait dit Mazarin, mais il ira plus loin qu'un autre... Il y a en lui de l'étoffe pour faire quatre rois et un honnête homme (2). » Louis ne paraît pas, comme on l'a prétendu, avoir attendu avec impatience d'être débarrassé de son ministre-roi ; il lui était affectionné et reconnaissant, et c'était précisément parce qu'il était capable et digne de gouverner, qu'il n'en

---

(1) Tome XXV, p. 3-5. — Cs. un mémoire italien envoyé à Rome par un prélat attaché au nonce Chigi, en 1665, qui donne des détails piquants sur l'activité du roi et sur le secret profond qui enveloppait toutes les affaires d'État. (Archives curieuses, 2e série, tome IX, p. 3-76.

(2) Sur le mot de Mazarin, voyez les Lettres de Guy Patin, tome II, p. 192-223. Cs. St-Simon, *Mém.* tome XXIV, p. 84 de l'éd. in-12. (1840)

avait point eu de hâte, sentant la gravité du fardeau. Le fardeau toutefois ne l'effrayait pas, il avait en lui-même une confiance qui n'était, à cette première époque de sa vie, que le sentiment légitime de sa force et de son avenir. On a souvent contesté son génie, jamais son caractère; il n'y a peut-être jamais eu de volonté supérieure à la sienne, en persistance et en intensité. L'effort d'attention et de travail qu'on s'imaginait qu'il ne soutiendrait pas trois mois, il le soutint durant cinquante-quatre ans.

« A la soif de la gloire, à la passion du grand en toutes choses qui l'animaient d'une exaltation tout intérieure, il unissait par une sorte de contraste un esprit plus judicieux et plus net qu'éclatant, plus sagace et plus exact que profond, plus vigoureux qu'étendu ; doué d'une âme droite et sincère, né avec l'amour du bien, du juste et du vrai, il s'était fait de bonne heure une théorie, erronée ou non, mais consciencieuse des droits et des devoirs de la royauté ; il avait d'avance réglé l'emploi de sa vie sur un plan auquel il fut presque toujours fidèle... Dans ses Mémoires, Louis se révèle tout entier, tel qu'il était durant la première et la plus belle période de son règne ; il y montre un bon sens élevé, une droiture qui ne se dément que sur quelques points épineux de diplomatie, des sentiments très-religieux et autant de clarté dans les idées que de fermeté dans les vues. On comprend que l'homme qui a écrit de telles paroles sur les sévères jouissances du travail et du devoir, sur ce noble plaisir de gouverner, le premier de tous, on comprend que cet homme était vraiment né pour l'empire. Il paraît sentir profondément les obligations du chef de l'État et l'unité nationale personnifiée en lui. Il craint les flatteurs, cherche à s'en défendre, et l'orgueil qui se révèle parfois dans son grave et fier langage pourrait se confondre encore avec le témoignage de la conscience satisfaite (1). »

Fort bien, et cette dernière pensée nous paraît très-juste. Mais, dira-t-on, toutes ces grandes choses de son règne, Louis XIV ne les a pas accomplies à lui seul ; il a dû sa gloire à l'entourage brillant, exceptionnel des hommes de génie en tout genre dont les circonstances les plus heureuses l'avaient doté. Oui, nous le reconnaissons et nous le proclamons à haute voix. Mais à quoi auraient servi à la France ces hommes éminents, si le chef de l'Etat, le roi, ne les avait pas appelés autour du trône et ne les eût pas consultés en toute circonstance ? Or, Louis XIV a été le prince qui a le plus tenu à prendre conseil pour tout et sur tout; non qu'il se défiât de lui-même, mais à cause même de la facilité qu'il se sentait à prendre peut-être trop facilement l'initiative en toute chose. Jamais monarque ne respecta davantage l'opinion publique, et c'est pourquoi elle fut toujours avec lui qui l'incarnait pour ainsi dire en sa personne et dans ses actes ; la France d'elle-même s'était identifiée dans le petit-fils du grand Henri.

L'opinion publique était la première loi du roi, son régulateur suprême, — si l'on peut s'exprimer ainsi. Parmi les idées fausses, et elles sont nombreuses, pour ne pas dire innombrables, qu'on se fait sur l'ancien régime, il faut surtout signaler la conviction que l'on a de l'état de dépendance où tout le monde alors était placé.

« En voyant, dit M. de Tocqueville, un pouvoir royal

---

(1) H. Martin, tome XIII, p. 4, et 5.

si étendu et si puissant, on pourrait croire que l'esprit d'indépendance avait disparu avec les libertés publiques et que les Français étaient également pliés à la sujétion ; mais il n'en était rien : on aurait tort de croire que l'ancien régime fut un temps de servilité et de dépendance. Le gouvernement conduisait déjà seul et absolument toutes les affaires qu'il était encore loin d'être le maître de tous les individus. Au milieu de beaucoup d'institutions déjà préparées pour le pouvoir absolu, la liberté vivait (1). »

Ce fut sous l'influence des idées vraiment libérales de son temps, idées qui, de St Louis à Richelieu, n'avaient cessé de faire leur chemin, lentement mais sûrement, que Louis XIV imposa à toutes les classes de la nation l'habitude de l'égalité civile (2) ; jamais on ne sut mieux que Louis XIV et son ministre Colbert diriger une réforme sans déchaîner une révolution, — selon le mot très-juste de M. de Carné (3).

Outre le concours éclairé de ses ministres et des hommes éminents dont il avait su s'entourer et qu'il consultait sans cesse, Louis XIV, pour accomplir les grandes choses de son règne, eut avec lui ceux qui représentaient alors vraiment l'opinion, non-seulement dans la chaire chrétienne, mais aussi dans la littérature, la poésie, le théâtre, et qui, tous — Corneille, Racine, Boileau, La Fontaine, La Bruyère, Molière, etc. — ne cessaient jamais avec une noble liberté de dire haut et ferme la vérité sur les devoirs du souverain.

(1) L'*Ancien régime et la révolution*, chap. XI.
(2) L. de Carné, *l'École administrative de Louis XIV*. (Revue des deux Mondes 1er juillet 1857, p. 71.)
(3) *Id. Ibid*, p. 66.

« Certes, — comme le fait remarquer M. de Noailles, — aucun souverain ne fut autant loué par les lettres ; mais cet hymne universel, outre qu'il était sincère, se trouvait mêlé à des pensées élevées et même à des paroles hardies qui en excluaient la servilité (1). »

Quelques exemples des plus frappants parmi les plus nombreux.

C'était devant Louis XIV que Racine, en présence de toute la cour, faisait dire au jeune Joas par le grand-prêtre Joad :

> De l'absolu pouvoir vous ignorez l'ivresse
> Et des lâches flatteurs la voix enchanteresse ;
> Bientôt ils vous diront que les plus saintes lois,
> Maîtresses du vil peuple, obéissent aux rois ;
> Qu'un roi n'a d'autre frein que sa volonté même,
> Qu'il doit immoler tout à sa grandeur suprême ;
> Qu'aux larmes, au travail le peuple est condamné
> Et d'un sceptre de fer veut être gouverné ;
> Que s'il n'est opprimé, tôt ou tard il opprime... (2)

Et Boileau :

> On peut être héros sans ravager la terre ;
> Il est plus d'une gloire. En vain aux conquérants
> L'erreur parmi les rois donne les premiers rangs.
> Entre les grands héros ce sont les plus vulgaires.
> Chaque siècle est fécond en heureux téméraires...

---

(1) Tome III, p. 624.
(2) Athalie, acte IV, scène III (1691.)

> Mais un roi vraiment roi, qui, sage en ses projets,
> Sache en un calme heureux maintenir ses sujets,
> Qui du bonheur public ait cimenté sa gloire,
> Il faut pour le trouver courir toute l'histoire (1).

Et La Bruyère, dans le livre des *Caractères* qui, dévoré par la curiosité publique, eut neuf éditions en huit ans, s'exprimait en ces termes vigoureux : « Dire que le prince est maître absolu de tous les biens de ses sujets, sans égards, sans compte ni discussion, c'est le langage des flatteurs, c'est l'opinion d'un favori qui se dédira à l'agonie. »

Ailleurs encore : « Que me servirait que le prince fût heureux et comblé de gloire pour lui-même et pour les siens, si, triste et inquiet, je vivais dans l'oppression et dans l'indigence, si enfin, par les soins du prince, je n'étais pas aussi content de ma fortune qu'il doit lui-même, par ses vertus, l'être de la sienne ? »

Et cette belle comparaison du troupeau « répandu sur une colline vers le déclin d'un beau jour et conduit par un berger attentif, image naïve des peuples et des princes qui les gouvernent, s'il est bon prince, » se terminant par cette double question : « Le troupeau est-il fait pour le berger, ou le berger pour le troupeau ? »

Le prince qui se laissait adresser de ces choses-là pouvait-il songer un seul instant que l'Etat c'était lui et rien que lui ? Et alors même qu'il l'eût pensé, aurait-il osé, en présence de l'opinion publique ainsi tenue en éveil par des hommes tels que La Bruyère — pour ne citer qu'un exemple entre mille de cette fière et noble liberté de langage, — aurait-il osé dire tout haut : « *L'Etat, c'est moi?* »

(1) Au roi, 1669, un an après la prise d'Aix-la-Chapelle.

FROISSART EST-IL UN HISTORIEN PARTIAL ?

Voilà en quels termes se pose à peu près généralement la question par rapport à cet auteur, qui fut plutôt un *chroniqueur*, dans le vrai sens du mot, qu'un *historien*, un *impressionniste*, qu'un *érudit* et surtout un *critique*. Si, selon l'expression de Quintilien, « on écrit l'histoire pour raconter », Froissart, à ce point de vue, mérite un éloge complet et sans restriction, car il a pris les hommes et les choses de son temps sur le fait, sans chercher à les expliquer, soit en exagérant, soit en diminuant leur importance. Il raconte ce qu'il a vu et aussi ce qu'on lui a rapporté ; il a bien vu, mais il peut avoir été mal ou incomplètement renseigné, et c'est là un inconvénient, mais non un crime. Il vaut encore mieux se tromper ou être trompé, que de vouloir tromper autrui. Donc, Froissart est toujours de bonne foi, comme il résulte de l'étude aussi claire que concise, que nous allons consacrer à sa grande chronique, en la faisant précéder de quelques détails biographiques essentiels, et en l'accompagnant d'un examen raisonné.

A une distance de plus de cinq siècles, nous ne pouvons être suspecté de parti pris pour ou contre Froissart, dont la chronique rappelle la candeur de celle de Joinville, avec un merveilleux talent de conteur, qui est à l'histoire des faits ce que le coloris est au dessin dans la reproduction de scènes dont la plupart eurent pour témoin ou contemporain celui qui les expose fidèlement à nos yeux. Nous sommes donc parfaitement de l'avis de Montaigne, à l'égard de Froissart.

« J'aime, écrivait, au seizième siècle, l'auteur des
« *Essais*, j'aime les historiens, ou fort simples ou excel-
« lents. Les simples, qui n'ont pas de quoi y mêler quel-
« que chose du leur, et qui n'y apportent que le soin et la
« diligence de ramasser tout ce qui vient à leur notice,
« et d'enregistrer à la bonne foi toutes choses, sans
« choix et sans triage, nous laissent le jugement entier,
« pour la connaissance de la vérité. Tel est, par exem-
« ple, le bon Froissart, qui a marché en ses entreprises,
« d'une si franche naïveté, qu'ayant fait une faute, il ne
« craint aucunement de la reconnaître, et corriger à
« l'endroit où il en est averti, et qui nous représente la
« diversité des mêmes bruits qui couraient et les diffé-
« rents rapports qu'on lui faisait ; c'est la matière de
« l'histoire nue et informe, chacun en peut faire son
« profit, autant qu'il a d'entendement (1). »

On ne saurait mieux dire, et l'on doit s'en rapporter à Montaigne, car il savait lire avec attention et sagacité, la plume à la main, et consignant au fur et à mesure ses observations, ce qui a été et sera toujours la vraie manière pour bien s'instruire.

(1) *Essais de Montaigne*, Livre II, Chap. x, *Des Livres*.

Les trois parties de notre étude sur Froissart s'imposent d'elles-mêmes, et consistent d'abord dans la biographie de ce chroniqueur, qui a vraiment *vécu* son récit, en ayant, par le moyen de nombreux voyages, recherché et recueilli tous les matériaux, puis dans l'étude du plan, de la division, des recherches, des soins, du but, des règles qu'il s'était proposés, enfin dans le jugement définitif, porté sur cet ouvrage, en vertu des principes de la critique historique vraiment digne de ce nom.

I.

Jean Froissart naquit à Valenciennes, vers l'année 1337. « Son enfance annonça ce qu'il devait être un jour. Il montra de bonne heure cet esprit vif et inquiet qui, pendant le cours de sa vie, ne lui permit pas de demeurer longtemps attaché aux mêmes occupations et aux mêmes lieux... Il aimait la chasse, la musique, les assemblées, les fêtes, les danses, la parure.., et ces goûts, qui se développèrent presque tous dès l'âge de douze ans, s'étant fortifiés par l'habitude, se conservèrent même dans sa vieillesse, et peut-être ne le quittèrent jamais (1). »

La variété et la vivacité de ces goûts, en faisant du jeune homme une nature cosmopolite, devaient le dispo-

---

(1) La Curne de Sainte-Palaye, *Mémoire sur la vie de Froissart*, p. 487-489 du tome XV, édit. in-12 des Mémoires de l'Acad. des Inscript.

ser on ne peut mieux et de bonne heure, à cette vie de chroniqueur toute d'impressions primesautières ; aussi il avait à peine vingt ans, lorsqu'à la prière de son *cher seigneur et maître*, messire Robert de Namur, il entreprit d'écrire l'histoire des guerres de son temps, particulièrement de celles qui suivirent la bataille de Poitiers. Quatre ans après, étant allé en Angleterre, il présenta une partie de son travail à la reine Philippe de Hainaut, femme d'Edouard III. Quelque jeune qu'il fût alors, il avait déjà fait des voyages dans les provinces les plus reculées de la France. C'était commencer de bonne heure à écrire l'histoire de son temps.

Après quelque séjour en Angleterre, il revint sur le continent, puis repassa en Angleterre, et s'attacha au service de la reine. Cette princesse qui affectionnait, ses compatriotes, aimait aussi les lettres ; le collége d'Oxford, qu'elle fonda, est un illustre monument de la protection qu'elle leur accordait. L'histoire que Froissart lui présenta, fut très-bien reçue, et lui valut le titre de *clerc*, c'est-à-dire de secrétaire ou d'historiographe de la chambre de cette princesse (1361). Le chroniqueur fit aux frais de la reine, pendant les cinq années qu'il passa à la cour, plusieurs voyages dont l'objet paraît avoir été de rechercher tout ce qui devait servir à enrichir son histoire.

Mais, laissons-le parler lui-même, et nous dire dans l'accent d'une conviction sincère et profonde, avec quel amour il avait embrassé et poursuivit toujours sa mission de chroniqueur.

« Or, considérez entre vous qui le lisez, ou avez lu, ou orrez (*entendrez*) lire comment je puis avoir su et rassemblé tant de faits desquels je traite et propose et tant de parties ; et pour vous informer de la vérité, je commençai jeune, de l'âge de vingt ans, et je suis venu au monde avec les faits et advenues, et j'y ai toujours pris grande plaisance, plus qu'à autre chose...

« En mon temps, je cherchai la plus grande partie de la chrétienté, et partout où je venais, je faisais enquête aux anciens chevaliers et écuyers, qui avaient été des faits d'armes et qui proprement en savaient parler et aussi à anciens hérauts de crédence, pour vérifier et justifier toutes les matières; ainsi ai-je rassemblé la noble et haute histoire et matière. Et tant comme je vivrai par la grâce de Dieu, je la continuerai; car comme plus y suis et plus y labeure, et plus me plaît... »

Froissart visita ainsi successivement la France, l'Italie et l'Allemagne, partout admirablement bien reçu; la mort de sa protectrice, Philippe de Hainaut, le fit rentrer dans son pays, où il vécut quelque temps à Lestine, non loin d'Ath ; puis il s'attacha à Venceslas de Luxembourg, duc de Brabant, en qualité de secrétaire. A la mort de Venceslas, le chroniqueur passa au service de Gui, comte de Blois. En 1385, 1386 et 1387, nous le trouvons tantôt dans le Blaisois, tantôt dans la Touraine, mais son protecteur l'ayant engagé à reprendre la suite de l'histoire qu'il avait interrompue, il résolut, en 1388, de profiter de la paix qui venait de se conclure, pour aller à la cour de Gaston Phœbus, comte de Foix et de Béarn, s'instruire à fond de ce qui regardait les pays étrangers et les provinces de France les plus éloignées, où il savait qu'un grand nombre de guerriers se signalaient tous les jours par de merveilleux faits d'armes.

Son âge et sa santé lui permettaient encore de soutenir de longues fatigues, sa mémoire était encore assez bonne pour retenir tout ce qu'il entendrait dire, et son jugement assez sain pour le conduire dans l'usage qu'il en devrait faire. Il partit avec des lettres de recommandation du comte de Blois pour Gaston Phœbus, et prit sa route par Avignon. Il alla de Carcassonne à Pamiers, et s'y arrêta trois jours, en attendant que le hasard lui fît rencontrer quelqu'un avec qui il pût passer en Béarn. Il fut assez heureux pour trouver un chevalier du comté de Foix, et ils marchèrent de compagnie. Messire Espaing du Lion, (c'est le nom du chevalier), était un homme de grande distinction; il avait eu des commandements considérables, et fut employé toute sa vie dans des négociations aussi délicates qu'importantes. Les deux voyageurs se convenaient parfaitement. Le chevalier, qui avait servi dans toutes les guerres de Gascogne, désirait avec passion d'apprendre ce qui concernait celles dont Froissart avait connaissance, et Froissart, plus en état que personne de le satisfaire, n'était pas moins curieux des événements auxquels le chevalier avait eu part. Ils se communiquèrent ce qu'ils savaient, avec une égale complaisance. Ils allaient à côté l'un de l'autre, et souvent aux pas de leurs chevaux; toute leur marche se passait en des conversations où ils s'instruisaient réciproquement. Villes, châteaux, masures, plaines, hauteurs, vallées, passages difficiles, tout réveillait la curiosité de Froissart et rappelait à la mémoire du seigneur Espaing du Lion, les diverses actions qui s'y étaient passées sous ses yeux, ou dont il avait ouï parler à ceux qui s'y étaient trouvés... S'ils arrivaient dans une ville avant le coucher du soleil, ils mettaient à profit le peu de jour qui restait pour en examiner les dehors, ou pour observer les lieux des attaques qui s'y étaient faites. De retour à l'hôtellerie, ils continuaient les mêmes propos, ou entre eux seuls ou avec d'autres chevaliers ou écuyers qui s'y trouvaient logés, et Froissart ne se couchait point qu'il n'eût écrit tout ce qu'il avait entendu (1). »

On ne peut mettre plus de zèle et d'ardeur, ni apporter plus d'attention à ces recherches faites sur place ou recueillies de la bouche même de ceux qui avaient joué un rôle actif; voilà vraiment d'excellentes conditions pour bien écrire l'histoire d'une époque jour par jour et, pour ainsi dire, heure par heure.

Arrivé à Orthez, séjour habituel de Gaston de Foix, Froissart trouva auprès de ce prince et dans son entourage le vrai milieu qui convenait à un chroniqueur aussi avide de faits qu'il était; âgé de cinquante-neuf ans, Gaston était le type du grand capitaine et vivait dans la société des plus vaillants guerriers de son époque, ses anciens compagnons d'armes, ses émules ou ses disciples dans cette brillante école d'honneur, de chevalerie et de bravoure. Autour du prince on ne parlait que d'attaques de places, de surprises, de siéges, d'assauts, d'escarmouches, de batailles. Froissart fut reçu à merveille par le comte, qui voulut entendre la lecture de ce qu'il avait déjà écrit de l'histoire de son temps.

Après un assez long séjour à la cour d'Orthez, l'infatigable chroniqueur se dirigea sur Paris. Son activité naturelle et surtout la passion de s'instruire ne lui permirent pas d'y demeurer longtemps; en six mois il avait passé du Blaisois à Avignon, ensuite dans le comté de Foix, d'où il revint encore à Avignon et traversa l'Au-

---

(1) La Curne de Sainte-Palaye, *Ibid ut sup.*, p. 506-509.

vergne pour aller à Pairs. On le voit, en moins de deux ans, successivement dans le Cambrésis, dans le Hainaut, dans la Hollande, dans la Picardie, une seconde fois à Paris, dans le fond du Languedoc, puis encore à Paris et à Valenciennes, de là à Bruges, à l'Ecluse, dans la Zélande, enfin dans son pays.

Tous ces voyages étaient longs, pénibles et dispendieux : mais il n'y avait pas de regrets, « *car, aussi ai-je fait*, disait-il, (1) *mainte histoire dont il sera parlé dans la postérité.* »

Il ne se passait rien de nouveau dont Froissart ne voulût être témoin : fêtes, tournois, conférences pour la paix, entrevues de princes et leurs entrées, rien n'échappait à sa curiosité.

Au commencement de 1390, il retourna dans son pays et il ne songeait qu'à reprendre la suite de sa chronique, pour la continuer d'après les instructions qu'il avait amassées de tous côtés avec tant de peines et de fatigues : mais, celles qu'il avait eues au sujet de la guerre d'Espagne ne le satisfaisaient pas encore. Il lui survint quelque scrupule de n'avoir entendu qu'une des deux parties, c'est-à-dire les Gascons et les Espagnols, qui avaient tenu pour le roi de Castille. Il était du devoir d'un écrivain exact et judicieux de savoir aussi ce qu'en disaient les Portugais ; sur l'avis qu'on lui donna qu'il pourrait en trouver à Bruges un grand nombre, il s'y rendit. La fortune le servit au delà de ses espérances, et l'enthousiasme avec lequel il en parle, peint l'ardeur avec laquelle il désirait de tout approfondir...

---

(1) *Le dit dou Flourin*, cité par La Curne de S.-P ; p. 513.

Il y avait vingt-sept ans que Froissart était parti d'Angleterre, lorsqu'à l'occasion de la trêve qui se fit entre les Français et les Anglais il y retourna en 1395. En attendant d'être présenté au jeune roi Richard, il employa son temps à recueillir des notes : les Anglais étaient encore sous l'impression de leur expédition en Irlande ; il se fit raconter et leurs exploits et les choses merveilleuses qu'ils y avaient vues.

Deux objets importants occupaient alors Richard tout entier : d'une part le projet de son mariage avec Isabelle de France, de l'autre l'opposition des peuples de l'Aquitaine à la donation qu'il avait faite de cette province au duc d'York, son oncle. Les prélats et les barons d'Angleterre ayant été convoqués à Elten pour délibérer sur ces deux affaires, Froissart suivit la cour : il écrivait, chaque jour, ce qu'il apprenait des nouvelles du temps dans ses conversations avec les seigneurs anglais, et Richard de Servy, qui était du *Conseil étroit du roi*, lui confiait exactement les résolutions que l'on y prenait, le priant seulement de les tenir secrètes jusqu'à ce qu'elles fussent divulguées.

Une circonstance qui mérite d'être ici consignée montrera avec quel soin et quel scrupule Froissart recueillait et contrôlait les renseignements dont il avait besoin pour rédiger sa chronique. Henri Castede, écuyer anglais, qui avait été témoin de la présentation de Froissart au roi, et qui savait qu'il écrivait les événements de son temps, lui demanda s'il était informé des détails de la conquête que le monarque anglais venait de faire en Irlande ; comme Froissart, pour l'engager à parler, feignit de les ignorer, l'écuyer se fit un plaisir de les lui raconter...

En 1397, époque où le chroniqueur quitta l'Angleterre pour retourner dans son pays natal, il avait soixante ans ; il mourut vers 1401 environ : on ignore la date précise de son décès.

On peut voir déjà — par cette rapide mais suffisante et surtout exacte exquisse de la vie de Froissart, — que l'ardeur infatigable et patiente avec laquelle il s'attacha pendant près de quarante ans à recueillir, jour par jour, pays par pays, les éléments de sa chronique, sans reculer devant les fatigues des voyages et les dépenses pécuniaires, est un sûr garant de son impartialité dans l'exposé des faits qu'il s'attacha plus à raconter qu'à raisonner, en vrai chroniqueur qu'il était autant et même plus que ses devanciers et ses contemporains.

A cette première preuve tirée du caractère et du tempérament, pour ainsi dire, de l'homme qui était narrateur d'instinct comme d'autres naissent poètes ou peintres, nous allons joindre de nouveaux arguments non moins péremptoires, que Froissart lui-même nous a fournis dans le plan général ainsi que dans le plan particulier de sa chronique, dans le soin minutieux qu'il avait apporté à ses nombreuses et incessantes recherches, dans le but qu'il s'était proposé en écrivant son ouvrage et les règles qu'il s'était prescrites à cet effet.

II.

Avec la Curne de Ste-Palaye nous dirons donc : « J'ai cru devoir une attention particulière à *un historien qui seul en vaut un grand nombre d'autres*, par l'importance des matières qu'il a traitées et par la durée des temps dont il nous a laissé l'histoire (1). »

La chronique de Froissart s'étend depuis 1326 jusqu'en 1400, et comprend soixante-quatorze années des plus agitées peut-être de l'histoire d'Europe, au quatorzième siècle ; elle ne se borne pas aux événements qui se sont passés en France dans ce long espace de temps, elle comprend, dans un détail presqu'aussi grand, ce qui est arrivé de considérable en Angleterre, en Ecosse, en Irlande, en Flandre. On y trouve encore une infinité de particularités touchant les affaires des papes de Rome et d'Avignon, touchant celles d'Espagne, d'Allemagne, d'Italie, quelquefois même de la Prusse, de la Hongrie, de la Turquie, de l'Afrique, des autres pays d'outre-mer, enfin de presque tout le monde connu.

Quant à déterminer les époques de sa vie pendant lesquelles Froissart travailla à sa chronique, c'est chose assez difficile mais non impossible cependant.

« Froissart parcourut beaucoup de pays, dans plusieurs desquels il séjourna un temps considérable ; il fut attaché en différents temps à des cours dont les intérêts étaient fort opposés ; il fréquenta un grand nombre de princes et de seigneurs de divers partis. Il serait bien difficile qu'il ne se fût pas laissé prévenir ou d'affection pour les uns ou de haine pour les autres et qu'il se fût toujours défendu de l'illusion de la prévention dont la bonne foi ne sert souvent qu'à nous rendre plus susceptibles.

---

(1) Mémoire concernant les ouvrages de Froissart, p. 289 du tome XX, (édit. in-12. des Mém. de l'Acad. des Inscript.).

« Si l'on veut se rappeler les circonstances de la vie de notre historien et qu'on les rapproche des temps auxquels il travailla à la composition des différentes parties de son histoire, non-seulement on verra les instructions qu'il avait été en état de prendre tant par rapport aux lieux que par rapport aux personnes qu'il avait vues, mais on jugera encore des partis auxquels on peut le soupçonner d'avoir incliné... Cette règle servira de guide au lecteur, à chaque pas ; elle le garantira de l'erreur ou de la séduction, soit que l'historien ait été mal informé, soit qu'il ait voulu imposer à ses lecteurs, *s'il est vrai qu'il en ait été capable.* »

Ainsi s'exprime La Curne de Ste-Palaye(1), et nous sommes complétement de son avis. Froissart a pu être *mal informé*, mais s'il a été trompé, il n'a jamais cherché à tromper ses lecteurs, et c'est une grande qualité dans un historien. Que Froissart ait été parfois mal informé, rien d'extraordinaire à cela ; il avait sans doute la plupart du temps affaire à des contemporains et à des témoins, mais les uns et les autres peuvent avoir vu les événements à travers leurs préventions, ou se les être rappelés d'une façon incomplète. Il fallait bien que Froissart eût prévu et redouté avec raison cet écueil, puisque pour la guerre d'Irlande par exemple, nous le voyons saisir avidement l'occasion d'entendre deux fois le récit des faits qui s'y rattachaient, afin de les contrôler l'un par l'autre. Quelle meilleure et plus évidente preuve de sa recherche de la vérité et par conséquent de son impartialité ?

Mais, outre cela, Froissart a été moins exposé à se

---

(1) *Ibid ut sup*, p. 297 et 298.

tromper lui-même et à tromper ses lecteurs que la plupart des historiens modernes qui, écrivant d'après les témoignages contradictoires des auteurs des diverses époques, finissent par perdre le fil et la vraie cause des faits et fatalement tombent dans l'esprit de système pour expliquer telle ou telle circonstance restée obscure, soit par la faute des contemporains, soit par les lacunes des écrits de ces mêmes contemporains, qui n'ont su qu'une partie de la vérité, ou ont eu quelque intérêt à la déguiser, ou même à la cacher tout à fait aux yeux de la postérité.

Comme nous l'avons déjà dit (et nous y insistons), Froissart, lorsqu'il n'a pas vu par lui-même la plupart des choses qu'il raconte, s'appuie sur le témoignage de ses contemporains, sans négliger cependant de le contrôler le mieux qu'il lui est possible. De là, sa supériorité sur tant d'autres chroniqueurs, voire des historiens de parti-pris et de profession.

On a déjà vu avec combien de peines et de fatigues, Froissart avait visité la plupart des cours de l'Europe. Admis chez les plus grands seigneurs et s'insinuant dans leur confiance, au point de mériter non-seulement qu'ils lui racontassent plusieurs détails, soit de leur vie, soit des événements dont ils avaient été témoins, ou auxquels ils avaient eu part, mais qu'ils lui découvrissent même quelquefois le secret des résolutions prises dans les conseils les plus intimes et sur les affaires les plus importantes, il n'avait pas moins d'attention à profiter des entretiens de ceux à qui il pouvait parler et qu'il pouvait interroger avec plus de liberté. Il avait été instruit de quelques particularités de la cour de France par des domestiques mêmes du roi et par ceux qui l'approchaient de plus près. Si dans ses voyages dans les cours et dans les autres lieux qu'il visitait, il se rencontrait des personnes de qui il pût tirer des instructions, surtout des gens de guerre ou des hérauts qui étaient, en ces temps-là, les agents les plus ordinaires dans les négociations et dans les grandes affaires, il se liait de conversation avec eux, les amenait insensiblement à parler sur les points d'histoire dont ils devaient être le mieux informés, eu égard au pays d'où ils étaient et aux autres circonstances de leur vie : il ne les quittait qu'après leur avoir fait dire tout ce qu'ils en savaient, et ce n'était que pour aller aussitôt jeter sur le papier ce qu'il avait appris d'eux. Non content de recueillir ces précieuses autorités et de comparer avec soin, comme il en avertit lui-même, les témoignages des personnes qui avaient suivi des partis contraires, il voulait des preuves encore moins suspectes. Il consultait les traités que les princes avaient faits entre eux, leurs défis ou déclarations de guerre, les lettres qu'ils s'écrivaient et les autres titres de cette nature. Il dit expressément qu'il en avait vu plusieurs qu'il ne rapporte point, nommèrent ceux de la chancellerie du roi d'Angleterre, et on en trouve quelques-uns transcrits en entier dans le cours de sa chronique. « Il paraît même qu'il ne prenait point au hasard tous ceux qu'il rencontrait, qu'il les examinait *avec des yeux critiques*, et qu'il les rejetait lorsque leur authenticité ne lui semblait *pas assez prouvée*. (1) »

On juge aisément, par le détail des soins que Froissart nous dit lui-même avoir pris, qu'il connaissait les règles

---

(1) La Curne de Ste-Palaye, *Ibid. ut sup.*, p. 309.

de la saine critique et la véritable méthode que l'on doit suivre pour écrire l'histoire. Il nous apprend d'ailleurs qu'il ne s'était pas proposé de donner seulement une chronique où l'on vît des faits rapportés sèchement à leur date, et dans l'ordre où ils sont arrivés, mais qu'il avait voulu écrire ce qu'on peut appeler véritablement une histoire, dans laquelle les événements fussent revêtus des circonstances qui les avaient accompagnés. Les détails qui découvrent les ressorts secrets qui font agir les hommes sont précisément ce qui dévoile le caractère et le fond du cœur des personnages que l'histoire met sur la scène ; et c'était là une des parties essentielles du dessein que Froissart s'était proposé en écrivant l'histoire. Plusieurs passages de son ouvrage nous montrent qu'il y avait été porté par une inclination naturelle et qu'il trouvait un plaisir infini dans cette occupation ; mais une autre vue qui lui fait bien plus d'honneur avait extrêmement fortifié ce goût naturel. Il songeait à conserver aux siècles à venir la mémoire des hommes qui s'étaient rendus recommandables par leur courage et par leurs vertus, de donner à leurs actions un prix que rien ne pût ni effacer ni altérer, et en amusant utilement ses lecteurs, de faire naître ou d'augmenter dans leur cœur l'amour de la gloire par les exemples les plus signalés. Ce désir, qui l'a toujours animé dans ses recherches, l'a soutenu dans un travail de plus de quarante ans, où il n'épargna ni soins, ni veilles, et pour lequel il ne craignit pas de dépenser des sommes considérables. « En effet, rien n'est plus propre que le spectacle que Froissart met continuellement sous les yeux de ses lecteurs à leur inspirer l'amour de la guerre, cette vigilance industrieuse, qui, toujours en garde

contre les surprises, est sans cesse attentive à surprendre les autres, cette activité qui fait compter pour rien les peines et les fatigues, ce mépris de la mort qui élève l'âme au-dessus de la crainte des périls, enfin cette noble ambition, qui porte aux entreprises les plus hardies (1). »
Il fait passer en revue tous les héros que produisirent, pendant près d'un siècle, deux nations guerrières, dont l'une était encouragée par des succès aussi flatteurs que continus, et l'autre, irritée par ses malheurs, faisait les derniers efforts pour venger, à quelque prix que ce fût, son honneur et son roi.

Dans un si grand nombre de faits, dont plusieurs furent extrêmement glorieux à l'une et à l'autre nation, il n'était pas possible qu'il ne s'en rencontrât quelques-uns d'une nature toute différente. Froissart ne s'est pas moins attaché à peindre ces derniers, afin de donner autant d'horreur pour le vice qu'il inspirait d'amour pour la vertu. Mais, si tous ces tableaux n'eussent été que le fruit de son imagination, ils n'auraient pas touché autant qu'il le voulait. Afin qu'ils fissent une impression plus sûre et plus forte sur le cœur et sur l'esprit, il fallait qu'une vérité pure, dégagée de toute flatterie, ainsi que d'intérêt et de partialité, en fût la base. C'est cette vérité que Froissart se pique d'avoir recherchée avec le plus de soin.

Tout ce qu'on vient de lire est tiré de ses propres paroles, répandues dans une infinité de passages de sa chronique ; il s'agit de voir s'il a observé, aussi fidèlement qu'il le promet, cette loi qu'il s'était imposée, et qui est

(1) La Curne de S.-P. *Ibid. ut sup.* p., 311.

le premier devoir de tout historien. Mais avant, il nous faut parler des trente premières années de son histoire, qui ne sont, à proprement dire, qu'une introduction à l'histoire des quarante et quelques années qui les suivirent jusqu'à la fin du quinzième siècle.

Les trente premières années de la chronique de Froissart ne sont vraiment qu'un préliminaire qui sert à mettre les lecteurs au fait des guerres dont il doit lire le récit dans la suite. Il expose l'état de la France et de l'Angleterre et fait voir le sujet de la querelle entre ces deux couronnes, qui fut la source des guerres sanglantes qu'elles se firent réciproquement. Froissart peut, en quelque façon, n'être point regardé comme auteur contemporain, dans ces trente premières années : il n'était pas encore né, ou bien il était sinon dans son enfance, au moins dans un âge où il n'avait pu faire un grand usage de sa raison. Aussi, ne parle-t-il guère, dans ces trente années, comme un auteur qui aurait vu ce qu'il raconte ; et c'est sans doute à ce temps-là, seulement, qu'on doit rapporter ce qu'il dit, au commencement de sa chronique, qu'il l'écrivait d'après une autre qui avait paru auparavant. C'était, comme il nous l'apprend, *les vraies chroniques de Jean-le-Bel, chanoine de St-Lambert de Liège.*

Ces chroniques ne sont point venues jusqu'à nous, et nous n'avons pu découvrir ni sur l'ouvrage ni sur l'auteur rien de plus que ce qu'on en lit dans Froissart. Il en parle comme d'un homme qui ne vivait plus : mais il vante son exactitude, les soins qu'il avait apportés à composer son histoire et les dépenses considérables qu'il avait faites à ce sujet. Il le représente comme favori et confident de Jean de Hainaut, auprès de qui il avait pu voir plusieurs grands événements qui seront (dit-il,) rapportés dans la suite ; car le comte, qui était proche parent de plusieurs rois, avait joué un rôle important dans la plupart de ces événements (1).

Froissart, dans ces trente années qui sont antérieures à la bataille de Poitiers, en 1356, s'est bien plus étendu sur l'histoire des Anglais que sur celle des Français : apparemment, il suivait en cela son auteur original, qui avait pris un intérêt plus particulier à l'histoire d'Angleterre par les liaisons qu'elle avait avec celle du comte de Hainaut. C'est sans doute ce qui fait que dans des manuscrits qui ne contiennent que les premiers temps de la chronique de Froissart, elle est intitulée *Chronique d'Angleterre :* c'est aussi, par une même suite, ce qui a donné lieu au reproche qu'on lui a fait d'avoir été partisan des Anglais et mal intentionné contre les Français, — accusation que nous examinerons tout à l'heure. Puis, nous parlerons des quarante et quelques années suivantes, dont Froissart a écrit l'histoire comme auteur contemporain et comme témoin (pour ainsi dire) de tout ce qui se passait alors dans le monde. Nous examinerons auparavant les divers jugements qu'on a portés de ce chroniqueur et particulièrement le reproche presque général qu'on lui a fait d'avoir été partisan outré des Anglais et l'ennemi déclaré des Français. Nous parlerons de sa partialité à d'autres égards, de sa crédulité sur certains articles, de son exactitude sur d'autres et de sa manière d'écrire.

Mais, avant tout, il faut bien se rappeler que Froissart

---

(1) Voyez les propres termes de Froissart, dans le prologue du premier volume de sa Chronique.

n'était pas né Français ; Valenciennes faisait partie du Hainaut et n'en fut séparée pour être réunie à la France que sous Louis XIV; d'où il s'ensuit que lors même (ce qui n'est nullement prouvé), qu'il aurait manqué d'impartialité à notre égard, il en était en quelque sorte excusable. D'ailleurs, il avait plus longtemps vécu en Angleterre qu'en tout autre pays, et la reconnaissance devait l'y attacher par des liens puissants au souverain de ce royaume, puisqu'il devait à la reine, femme de ce prince, la protection efficace qui l'encouragea à poursuivre sa carrière d'historien hérissée de tant de difficultés, qui l'exposait à tant de voyages, de fatigues et de dépenses dont cette reine, sa compatriote, et la cour d'Angleterre, l'indemnisèrent avec générosité.

D'où il suit que dans de telles circonstances le témoignage de Froissart à l'égard de la France a un grand poids et une importance considérable dont on ne saurait assez reconnaître la valeur et le prix vraiment inestimables.

III.

On a accusé Froissart de partialité, et cette accusation est devenue si générale qu'elle semble avoir acquis le caractère de la notoriété dont le privilége est de suppléer aux preuves. Froissart, dit-on, a vendu sa plume aux Anglais, qui lui payaient une pension considérable, et, par une suite nécessaire de son inclination pour eux, il a été peu favorable aux Français. Bodin, Pasquier, Brantôme, Sorel, la Popelinière, le Laboureur déposent contre lui dans les termes les plus formels. Il semble même que les lecteurs, prévenus par les liaisons que Froissart eut avec les Anglais, peuvent avoir quelque raison de se défier de tout ce qu'il rapporte à leur avantage. Il commence, en effet, par dire qu'il avait écrit à la sollicitation de Robert de Namur, proche parent de la reine, Philippe de Hainaut, et vassal de la couronne d'Angleterre, qu'il servit très-utilement contre la France. Ailleurs, il nous apprend qu'il avait *été de l'hôtel* d'Edouard III, le plus cruel ennemi des Français, et que la reine sa femme, dont il était *clerc*, l'avait non-seulement mis en état par ses libéralités de faire plusieurs voyages pour enrichir sa chronique, mais qu'elle avait payé généreusement ses travaux. Enfin, les vingt-six premiers chapitres de sa chronique roulent uniquement sur l'histoire d'Angleterre, — ce qui est cause qu'elle a été intitulée *Chronique d'Angleterre* dans plusieurs manuscrits.

Delà on a conclu que Froissart étant si particulièrement attaché à la cour d'Angleterre, il ne pouvait être qu'un partisan outré de cette nation et l'ennemi de ses ennemis. Il n'en fallait pas davantage pour que les traits qui auraient paru les plus innocents dans la bouche de tout autre historien, fussent dans la sienne des traits empoisonnés. Mais afin que l'on puisse juger si ce soupçon a quelque fondement, nous allons parcourir le temps dont il nous a transmis l'histoire, en examinant successivement les diverses circonstances où il s'est trouvé, lorsqu'il en a écrit les différentes parties.

Froissart ne peut être suspect de partialité pendant les premières années du règne d'Edouard III. Ce prince n'oublia jamais que le roi Charles-le-Bel, son oncle, lui avait donné une retraite dans ses États lorsqu'avec Isabelle de France, sa mère, il se sauva de la persécution et des Spencer qui obsédaient l'esprit de son père, Edouard II. La cour de France n'eut rien à démêler avec celle d'Angleterre, tant que dura le règne de Charles.

Nous passons pour un moment les quarante années qui s'écoulèrent depuis 1329, lorsque la succession à la couronne de France étant ouverte par la mort de Charles-le-Bel, les liens qui avaient uni les rois de France et les rois d'Angleterre devinrent eux-mêmes la source des divisions et des guerres les plus sanglantes, et nous venons aux temps qui suivirent la mort de la reine d'Angleterre, Philippe de Hainaut, arrivée en 1369, époque où Froissart n'habitant plus l'Angleterre, s'attacha à Venceslas, duc de Brabant. Ce prince, frère de l'empereur Charles IV, était, à la vérité, oncle d'Anne de Bohême, qui fut dans la suite reine d'Angleterre par son mariage avec Richard II; mais il l'était aussi du roi Charles V, fils de sa sœur ; et, gardant toujours une espèce de neutralité entre les deux couronnes ennemies, il fut invité aux sacres du roi Charles V et du roi Charles VI ; il obtint même, dans la dernière de ces cérémonies, la grâce du comte de St-Paul, que le conseil du roi voulait faire mourir comme coupable du crime de haute trahison. Froissart, qui nous apprend cette particularité dont il devait être bien instruit, en ajoute une autre qui fait encore mieux sentir que Venceslas conserva toujours l'amitié du roi Charles VI et de son conseil. Dans les circonstances de la guerre la plus sanglante, il obtint de la cour de France un sauf-conduit pour la princesse Anne de Bohême, qui devait aller en Angleterre épouser le roi Richard II. Charles et ses oncles accompagnèrent cette grâce des lettres les plus obligeantes et lui mandèrent qu'ils ne l'accordaient qu'à sa considération.

Froissart n'eut aucun intérêt à écrire contre la France, dans tout le temps qu'il passa auprès de ce prince ; il en eut encore moins peu après, lorsqu'il fut clerc du comte de Blois, qui couronna une vie entièrement dévouée au service de la France par le sacrifice des intérêts de sa propre maison. La moindre marque d'inimitié l'aurait exposé à perdre, avec les bonnes grâces de son maître, le fruit de ses travaux historiques, qu'il lui avait fait reprendre et dont il le récompensait si généreusement. Aussi l'historien, craignant les reproches qu'on lui pouvait faire d'être trop bon français, reproches bien contraires à ceux qu'on lui a faits depuis, croit devoir justifier en ces termes ce qu'il rapporte de l'attachement inviolable des Bretons à la couronne de France contre les Anglais : « Que l'on ne die pas que j'ai été corrompu
« par la faveur que j'ai eu au comte Guy de Blois, qui
« me la fit faire (*sa chronique*) et qui bien m'en a payé
« tant que je m'en contente, pour ce qu'il fut neveu du
« vrai duc de Bretagne et si prochain que fils au comte
« Loys de Blois, frère germain à Charles de Blois, qui
« tant qu'il vécut fut duc de Bretagne : nenny vraiment
« car je n'en veuil (*veux*) parler, fors à la vérité, et aller
« parmi le tranchant sans colorer ni l'un ni l'autre, et aussi
« gentil prince et comte qui l'histoire me fit mettre sus
« ne voulut point que je la fisse autrement que vraie. »

Puisque Froissart — dans tous ces temps qui nous conduisent presque jusqu'à la fin de sa chronique, — ne peut être soupçonné ni de haine contre les Français ni d'affection pour les Anglais, nous revenons aux années que nous avons omises, depuis 1329 jusqu'en 1369, dont il passa une partie considérable en Angleterre, attaché au roi et à la reine et vivant dans une espèce de familiarité avec les jeunes princes leurs enfants : c'est par rapport à ces années que le soupçon de partialité pour les Anglais peut subsister dans toute sa force. Il était difficile que, dans une cour où tout respirait la haine contre les Français, il conservât l'exacte neutralité que demande la qualité d'historien, et qu'il ne servît pas la passion des princes à qui il devait sa fortune présente et de qui il attendait encore des établissements plus considérables. On pourrait trouver des raisons pour affaiblir ce préjugé, dans la douceur et dans la modération que conserva toujours au milieu de toutes ces guerres la reine Philippe de Hainaut, qui calma la fureur de son mari au siége de Calais et qui obtint de lui, par ses instances, la grâce des six généreux bourgeois de cette ville, qu'il avait condamnés à la mort ; on pourrait ajouter que si Froissart fut *de l'hôtel* du roi Edouard, il fut aussi *de l'hôtel* du roi Jean, et qu'il paraît avoir été attaché à ce prince, dans le temps même qu'il était en Angleterre. Mais, sans vouloir combattre des préjugés par d'autre préjugés, nous ne consulterons que le texte de Froissart qui doit faire à cet égard la règle de notre jugement. « Après l'avoir lu avec toute l'attention dont je suis capable — dit la Curne de Sainte-Palaye (1), — sans y remarquer aucune trace de la partialité qu'on lui reproche, j'ai encore examiné plus soigneusement quelques points principaux, où naturellement elle devait être plus marquée. »

L'avénement de Philippe de Valois à la couronne avait

---

(1) Jugement de l'histoire de Froissart, p. 327 du tome XX, (édit. in-12. des Mém. de l'Acad. des Inscript.).

révolté toute l'Angleterre qui adopta les prétentions chimériques du roi Edouard III. La circonstance était délicate pour un historien qui, vivant au milieu d'une cour et d'une nation si fortement prévenues, ne voulait cependant point s'écarter de son devoir. Or, voici les termes dans lesquels Froissart fait le récit de ces événements, après avoir rapporté la mort des rois Louis-le-Hutin, Philippe-le-long et Charles-le-Bel : « Les douze « pairs — dit-il, — et les barons de France ne donnè- « rent point le royaume de France à leur sœur, qui était « reine d'Angleterre, pour tant qu'ils voulaient dire et « maintenir, et encore veuillent que le royaume de « France est bien si noble qu'il ne doit mie (*pas*) aller « à femelle ni par conséquent au roi d'Angleterre, son « ainé fils, car — ainsi comme ils veulent dire, — le fils de « la femelle ne peut avoir droit ni succession de par sa « mère, venant là où sa mère n'a point de droit. Si que « par ces raisons les douze pairs et les barons de France « donnèrent de leur commun accord le royaume de « France à monseigneur Philippe, neveu jadis au beau « roi Philippe de France dessus dit et ôtèrent la reine « d'Angleterre et son fils de la succession du dernier roi « Charles. Ainsi alla le royaume de France hors de la « droite ligne, ce semble, à moult, de quoi grandes guer- « res en sont mues et venues, etc. »

Tout ce passage ne présente rien qui ne dût faire admirer le courage et la bonne foi de l'historien, quand même il n'eût point ajouté ces mots : *Ce semble à moult de gens*, puisqu'il n'est pas douteux que la succession passa de la ligne directe à la ligne collatérale.

L'hommage que le roi Edouard III rendit au roi de France blessait extraordinairement la délicatesse des

Anglais : ils avaient disputé longtemps et avec beaucoup de chaleur sur la forme dans laquelle il devait être fait, cherchant à retrancher tout ce qu'il y avait d'humiliant pour eux. Comme le roi de France soutint avec fermeté les prérogatives de sa couronne et qu'il obligea Edouard à s'acquitter de ce devoir, suivant ce qui avait été pratiqué par ses prédécesseurs, un historien qui aurait voulu donner quelque chose à la complaisance ne pouvait passer trop légèrement sur cet article. Cependant Froissart insiste autant qu'il peut ; il n'omet ni les difficultés qu'on lui fit de la part des Anglais, ni les exemples et les autorités que le roi Philippe y opposa ; et il accompagne ces détails des actes originaux les plus propres à les constater : en sorte que si les rois de France avaient jamais eu besoin de faire valoir leurs droits, la seule déposition de Froissart aurait fourni un titre authentique et incontestable.

Les Anglais accusant les Français d'être peu fidèles à observer les traités soutiennent que Geoffroi de Charny agit par des ordres secrets du roi de France, lorsqu'au mépris d'une trêve qui avait été faite il tenta de surprendre Calais, en 1349. Rapin Thoyras embrasse cette opinion et l'appuie du témoignage de Froissart, qu'il cite en marge(1). « Je ne sais dans quel exemplaire ou dans quel manuscrit il a pris cette autorité, — dit la Curne de Ste-Palaye (2), — pour moi, je lis dans tous les imprimés, comme dans tous les manuscrits, ces mots

---

(1) Sur Rapin Thoyras et le degré de confiance qu'il mérite, voir la 10ᵉ série des *Erreurs et Mensonges historiques*. (Le caractère de Charles V,) p. 235-238.

(2) *Ibid. ut sup.*, p. 330.

qui sont bien contraires à son sentiment : « Si crois qu'il « (Geoffroy de Charny) n'en parla oncques au roi de « France, car le roi ne lui eut jamais conseillé, pour « cause des trèves. »

Les mêmes Anglais imputent encore au roi Charles V l'infraction du traité de Brétigny, qu'ils violèrent les premiers, si on en croit les Français. Loin de rien trouver dans Froissart qui favorise les prétentions anglaises, nous croyons que les termes dans lesquels il s'exprime étant bien examinés formeraient du moins une prétention contre eux (1).

Le combat singulier proposé en 1354 entre les rois de France et d'Angleterre, fait encore un sujet de dispute entre les historiens des deux nations. Suivant les Français, le défi fait, au nom du roi Jean, ne fut point accepté par Edouard. Selon les Anglais, celui-ci provoqua le roi de France, qui refusa le combat. Froissart décide formellement pour les Français. « Le roi de France (dit-il) alla après jusqu'à St-Omer et lui manda (*au roi* « *d'Angleterre*) par le maréchal d'Authain et par plusieurs « autres chevaliers, qu'il le combattrait s'il voulait, corps « à corps ou pouvoir contre pouvoir, à quelque jour qu'il « voudrait. Mais le roi d'Angleterre refusa la bataille « et repassa la mer en Angleterre, et le dit roi de France « retourna à Paris. »

A ces exemples nous pourrions ajouter beaucoup d'autres passages, où il donne de grands éloges tant aux peuples qu'aux seigneurs qui se signalèrent par leur attachement au parti des Français, et où il ne ménage ni

(1) Cs. la 10ᵉ série des *Erreurs et Mensonges hist.* (Ibid.) p. 223 et suiv.

ceux qui s'étaient déclarés contre eux ni ceux qui les avaient abandonnés lâchement. Enfin, de toutes les nations dont il parle dans sa chronique, il y en a peu qu'il n'ait désignée quelquefois par des épithètes odieuses : selon lui, les Portugais sont bouillants et querelleurs, les Espagnols envieux, hautains, malpropres, les Ecossais perfides et ingrats, les Italiens assassins et empoisonneurs, les Anglais, vains, glorieux, méprisants, cruels ; on ne trouvera aucun trait contre la nation française ; au contraire, cette brave nation se soutint toujours, selon Froissart, par la vigueur et par la force de sa chevalerie, qui ne fut jamais tellement accablée de ses infortunes qu'elle ne trouvât encore des ressources merveilleuses dans son courage.

Il est vrai que le roi d'Anglerre et le prince de Galles, son fils, semblent être, tant qu'ils vécurent, les héros de son histoire et que dans les récits de plusieurs batailles il est plus occupé d'eux que du roi de France. Mais, quel est le Français de bonne foi qui ne soit forcé de donner à ces princes les plus grands éloges ? D'ailleurs, notre historien ne rend-il pas justice à la valeur et à l'intrépidité du roi Philippe de Valois et du roi Jean ? Rien peut-il égaler les louanges qu'il donne tant à la sagesse qu'à l'habileté du roi Charles V, et surtout ce glorieux témoignage qu'il ne fait pas difficulté de mettre dans la bouche du roi d'Angleterre : « Il n'y eut oncques « roi qui moins s'armât, et si n'y eut oncques roi qui « tant me donnât à faire. »

Nous croyons avoir suffisamment établi, par tout ce qu'on vient de lire, que Froissart n'est pas un historien partial, ainsi qu'il en a été si injustement accusé.

« Mais, — ajoute avec raison la Curne de Sainte-

Palaye, — quand un historien, dégagé de toute passion, tiendrait toujours la balance égale entre les différents partis ; quand à cette qualité il joindrait celle qu'on ne peut refuser à Froissart, j'entends une attention continuelle à vouloir être informé de tous les événements et de toutes les particularités qui peuvent intéresser les lecteurs, il sera toujours bien loin de la perfection, si ces connaissances ne sont éclairées d'une saine critique qui, dans cette multitude de récits différents, sache écarter tout ce qui s'éloigne de l'exacte vérité ; son ouvrage sera moins une histoire qu'un tissu de fables et de bruits populaires (1). »

Or, la critique a manqué parfois à Froissart ; mais la faute en est plus à son temps agité et à son genre de vie tout en voyages qu'à lui-même ; il a réuni de précieux matériaux, mais le loisir lui a manqué pour les mettre toujours bien en œuvre comme il aurait fallu, et c'est ce qu'ont fait depuis et font encore tous les jours les savants éditeurs et annotateurs de cette intéressante chronique.

« Tant de défauts et d'imperfections n'empêchent pas que la chronique de Froissart ne doive être regardée comme un des plus précieux monuments de notre histoire, et que la lecture n'en soit aussi agréable qu'instructive pour ceux qui, ne se bornant pas à la connaissance des faits généraux, cherchent dans les détails, soit des événements particuliers, soit des coutumes, à démêler le caractère des hommes et des siècles passés. Froissart était né pour conserver à la postérité une image vivante d'un siècle ennemi du repos et qui, parmi les intervalles

(1) *Ibid. ut sup.*, p. 334.

des troubles dont il fut presque toujours agité, ne trouvait de délassement que dans les plaisirs les plus tumultueux. Outre les guerres de tant de nations qu'il décrit et dont il nous apprend les divers usages, on y trouve tout ce qui peut intéresser la curiosité au sujet de la noblesse, de la chevalerie, des joûtes, des tournois, des entrées des princes, des assemblées, des festins, des bals, des habillements d'hommes et de femmes : en sorte que son histoire est pour nous un corps complet des antiquités du quatorzième siècle. Il faut avouer que ces détails n'attirent l'attention que par leur propre singularité ; ils sont rapportés sans étude et sans art : c'est la conversation d'un homme d'esprit, qui a beaucoup vu et qui raconte avec grâce. Cependant ce conteur agréable sait quelquefois, surtout dans les grands événements, allier la majesté de l'histoire avec la simplicité de la narration. Qu'on lise entre autres choses, parmi tant de batailles qu'il a si bien peintes, qu'on lise le récit de la fameuse journée de Poitiers ; on y verra, dans la personne du prince de Galles, un héros plus grand par la générosité avec laquelle il use de sa victoire, par ses égards pour le prince vaincu et par les respects qu'il lui rendit toujours, que par les efforts de courage qui l'avaient fait triompher. Je ne crois pas qu'il y ait rien d'égal à la sublimité de ce morceau d'histoire, rien qui soit plus capable d'élever le cœur et l'esprit.

« D'autres, d'un genre bien différent, tiennent tout leur prix de leur naïveté..... »

Ainsi s'exprime La Curne de Ste-Palaye (1), le savant

---

(1) *Ibid. ut sup.* p., 337 et 338.

du siècle dernier qui a peut-être le mieux connu le moyen-âge et dont le jugement a tant de poids. Pour nous résumer, empruntons à Montaigne les termes dont il se sert pour apprécier le génie, la candeur et surtout l'impartialité de Froissart. Oui, comme il le dit fort bien, ce chroniqueur est du nombre des historiens *fort simples* et par conséquent *excellents* ; car, à ses récits il ne mêle rien du sien, il enregistre *à la bonne foi toutes choses*, en laissant au public et à la postérité le soin de tirer les conclusions nécessaires et vraies. On dira donc désormais — et ce jour est déjà venu, — *le bon Froissart* et on louera de plus en plus sa *si franche naïveté*.

Comme l'écrivait naguère M. Villemain: « Être un historien au xive siècle n'était pas condition facile. Que raconter ? Le passé, on l'ignorait faute de livres; le présent ? Mais nulle communication régulière entre les peuples... Pour savoir, il fallait courir les aventures, être un historien errant comme il y avait des chevaliers errants. Il fallait aller de ville en ville, de château en château et voir sur les lieux, apprendre des personnages mêmes tout ce qu'on voulait dire. Cette ambulante étude convenait à l'humeur libre et hardie de Froissart ; et s'il voyagea pour écrire l'histoire, je crois qu'il se fit historien pour voyager. Il se mit à l'œuvre dès l'âge de vingt ans (1). »

Il est temps de parler des principales éditions de la chronique de Froissart, notamment de celle (la quatrième),

---

(1) *Cours de littérature française*. Tableau de la littérature au moyen-âge, etc., 3e édit. (in-8), tome II, 1841, p. 147 et 148. Cs. Ibid. p. 148 — 170.

qui fut publiée, à Lyon, en trois volumes in-folio (1559, 1560 et 1561), *revue et corrigée* par Denys Sauvage.

« Si l'on a accusé Froissart d'avoir montré trop de haine contre les Français dans plusieurs endroits de sa chronique, on a également accusé l'éditeur d'avoir montré trop d'inclination pour eux, en supprimant tout ce qui pouvait leur déplaire. Peut-être cette accusation n'a-t-elle été qu'une suite de la première ; les lecteurs, prévenus d'une part que Froissart avait été ennemi de la France, surpris de l'autre de ne trouver dans son histoire aucune trace de cette inimitié prétendue, auront pu juger, sans autre raison, que Sauvage avait retranché, par amour pour sa patrie, ce que l'historien avait écrit par aversion. Les Français auprès de qui Sauvage devait à ce titre trouver grâce, ne l'ont pas plus épargné sur un autre chef. Selon plusieurs il a altéré, *défiguré* les noms propres, il a changé le langage naïf du temps de Froissart pour y substituer son langage ; en quoi il *l'a plutôt obscurci qu'illustré*... On verra si c'était là la récompense que méritaient les soins qu'il s'est donnés (1). »

La Curne de Ste-Palaye prouve clairement que Sauvage ne méritait aucun des reproches que lui ont jetés la prévention et la mauvaise foi ; il a suivi fidèlement le petit nombre de manuscrits et d'éditions qu'il avait alors à sa disposition, respectant scrupuleusement le langage de son auteur, etc.

« Sauvage — dit La Curne de Ste-Palaye, — ne promet rien par rapport à l'édition de Froissart dont il ne se soit fidèlement acquitté (2). »

(1) La Curne de Ste-Palaye, *Ibid. ut sup.*, p. 342 et 343.
(2) *Ibid. ut sup.*, p. 344.

Puis, après avoir signalé et parcouru les nombreux et importants manuscrits de la chronique de Froissart, qu'il a trouvés dans les diverses bibliothèques de Paris, notre érudit ajoute : « Nous ne voyons rien dans ces manuscrits ni qui établisse la prétendue inimitié de Froissart, ni qui justifie l'accusation intentée contre Sauvage d'avoir altéré le texte de son historien. Mais, un magnifique manuscrit de Breslau en fournit, suivant quelques écrivains, une preuve incontestable. Le monde savant, disent-ils, croit avoir un Froissart entier; il a été grossièrement trompé par Sauvage, qui n'en a pas conservé la dixième partie dans son édition. On peut répondre d'avance : 1° que Sauvage sera toujours exempt de reproche, puisqu'il nous a donné le texte de Froissart tel qu'il l'avait vu dans les exemplaires connus de son temps, 2° que la description qu'on nous fait des mignatures de celui de Breslau fait juger qu'il ne remonte guère au delà de la fin du xv° siècle, et qu'il est par conséquent d'une médiocre autorité, enfin qu'après le concert de tant d'autres manuscrits, dont plusieurs même ont été écrits en Angleterre ou destinés pour ce pays-là, puisque l'auteur est représenté offrant son livre au roi et à la reine d'Angleterre, on ne se persuadera pas aisément que le seul manuscrit de Breslau contienne seul des différences si considérables. Du moins, est-il de notre prudence de suspendre notre jugement jusqu'à ce qu'on ait publié ou le manuscrit même ou quelques-uns des passages qu'on dit avoir été retranchés (1). »

(1) *Ibid. ut sup.*, p. 356 et 357.
On sait à quoi s'en tenir, aujourd'hui, sur le manuscrit tant vanté de Breslau. « Semblable à beaucoup d'autres choses célèbres,

Outre les anciens abrégés manuscrits de Froissart, Sleidan, rempli d'admiration pour ce chroniqueur, et voulant que l'utilité qu'on en peut tirer fût commune à tous les temps et à toutes les nations, en fit en 1537 un abrégé latin (1). Dans une préface ou épître, qui précède cet abrégé, l'auteur recommande l'étude de l'histoire de France sur toutes les autres, et particulièrement celle de Froissart, dont il loue la bonne foi et à qui il ne reproche que de s'être quelquefois un peu trop étendu sur les détails militaires et sur les entretiens des princes.

il n'a dû sa réputation qu'à un défaut d'examen attentif. On l'a vu élégamment copié, richement relié, orné de brillantes vignettes ; il avait appartenu à un haut personnage ; on l'a cru excellent. Il faut souvent moins de titres pour acquérir un nom. Les habitants de Breslau attachaient tant de prix à cette possession que lorsque Breslau se rendit aux Français en 1806, les Prussiens, craignant qu'on ne le leur enlevât, insérèrent dans leur capitulation un article exprès à son intention, portant que la bibliothèque publique serait respectée... Nous avons à la bibliothèque de Paris, parmi une trentaine de copies de Froissart, au moins cinq ou six manuscrits qui sont de beaucoup préférables... » — Buchon, Préface de sa première édition de la chronique de Froissart. (Voyez le Panthéon littéraire, 1837, 3 vol. grand in-8.) tome III, p. 376 et suiv. On voit que, dès 1735, La Curne de Ste-Palaye était assez bien renseigné sur l'importance du manuscrit de Breslau qu'en 1777 Frédéric II, roi de Prusse, fit communiquer au savant Dacier pour l'édition qu'il préparait de la chronique de Froissart. (Buchon, *ibid.*, p. 377.)

(1) Joannis Froissardi Historiarum epitome, in quâ agitur de bellis inter Anglos et Gallos gestis; interprete S. Sleidano, apud Britannicarum rerum scriptores, etc., curis H. Commelini (Heidelberg, 1587, in-fol.)

Pour résumer l'importance inappréciable de l'œuvre à laquelle Froissart a attaché son nom, que la postérité la plus reculée ne saurait désormais oublier, si nombreuses et si terribles que soient les révolutions que nous avons encore à traverser, — un des plus récents éditeurs de cette immense chronique, et le plus complet ainsi que le plus savant, M. S. Luce (1), nous paraît avoir formulé un jugement en dernier ressort et duquel on ne saurait appeler.

« Froissart — dit-il (2), — est un monde. Au triple point de vue historique, littéraire, philologique, on pourrait même ajouter romanesque et poétique, le chroniqueur de Valenciennes représente à peu près seul un siècle presque entier, et ce siècle est le quatorzième, époque de transition et de crise, de décomposition et d'enfantement où finit le moyen-âge, où commencent véritablement les temps modernes...

« Froissart a donné à ses récits le titre qui leur convient réellement en les appelant des Chroniques; c'est ce qu'il ne faut pas perdre un seul instant de vue lorsqu'on veut l'apprécier équitablement, car on ne saurait sans injustice demander à un écrivain autre chose que ce qu'il a voulu faire (3)...

« Les obligations qui incombent à l'annaliste sont beaucoup moins sévères et moins étroites que celles auxquelles est astreint l'historien véritable... Il suffit au chroniqueur, pour être sincère, de ne pas transmettre un écho trom-

---

(1) Chroniques de J. Froissart, publiées pour la Société de l'Histoire de France, tome I (1869), p. 1.

(2) Chroniques de J. Froissart, publiées pour la Société de l'Histoire de France, par S. Luce, tome I (1869), p. 1.

(3) Ibid. p. CVII.

peur, mensonger, des bruits d'alentour : la fidélité de la reproduction est tout ce que l'on attend de sa bonne foi.

« A ce point de vue, qui est le seul équitable, on doit rendre hommage à la sincérité de Froissart. Dans les récits qu'il fait de première main, on admire généralement, avec la fidélité en quelque sorte minutieuse de certains détails, cette fidélité plus haute et vraiment supérieure, qui reproduit jusqu'à la couleur des temps et des lieux, jusqu'au geste et à l'accent des personnages et qui est le privilége des grands artistes (1)...

« On n'aurait le droit d'adresser des reproches à l'auteur des Chroniques que s'il avait voulu donner le change sur le caractère borné, exclusif, intéressé et par suite plus ou moins partial des témoignages qui ont servi de base à ses récits. Ne semble-t-il pas avoir prévu cette objection lorsque, dans la première rédaction, avant de raconter la bataille de Crécy, il prévient loyalement le lecteur qu'il est surtout redevable de sa narration à des chevaliers du parti anglais ?.. D'ordinaire nul défaut de sincérité ne vient altérer la fidélité pure et simple de reproduction qui recommande les Chroniques, alors même que l'auteur a composé sa narration sous la dictée de témoins intéressés, par conséquent avec un caractère de partialité plus ou moins notoire (2)...

« Cette fidélité de reproduction a été d'autant plus facile à Froissart qu'il ne paraît animé d'aucun sentiment de haine contre quelqu'un ou contre quelque chose : il ignore toute espèce de fanatisme ; il n'est obsédé d'aucune

---

(1) *Ibid.*, p. CVIII et CIX.
(2) *Ibid.*, p. CX et CXI.

de ces passions de caste ou de nationalité qui offusquent la vue et troublent le jugement. S'il n'avait eu soin de nous dire qu'il fût prêtre, on l'aurait deviné difficilement en lisant ses Chroniques ; né dans les rangs du peuple, il se préoccupe de la noblesse outre mesure et montre pour elle une complaisance, une indulgence parfois excessive ; s'il aime avec une tendresse particulière et vraiment filiale le Hainaut sa patrie, une prédilection si naturelle ne le rend point injuste pour les autres pays. A le bien prendre, notre chroniqueur porte en son âme un idéal qui est l'unique objet de son culte, qui lui dicte ses jugements sur les faits ainsi que sur les individus ; cet idéal, moins étroit que le patriotisme, presque aussi ardent que la foi religieuse, c'est l'esprit chevaleresque (1)...

« Ce qui intéresse, ce qui émeut, ce qui passionne par-dessus tout Froissart, c'est l'idéal même qui a été le principe vivifiant des hauts faits qu'il raconte, c'est-à-dire la chevalerie. Aussi, l'on remarquera que notre chroniqueur s'écarte volontiers de sa réserve habituelle, pour juger les faits et les hommes et manifester ses propres sentiments, si l'honneur chevaleresque est sérieusement en jeu, et dans ce cas, on peut avoir toute confiance en son impartialité (2)...

« Lors donc que Froissart a varié dans ses sentiments, dans ses jugements, soit sur les individus, soit sur les peuples, on peut être sûr qu'il a modifié sa manière de voir, en toute liberté, en toute sincérité. Rien n'est plus curieux à cet égard, que le changement qui s'est opéré dans les dispositions de notre chroniqueur à l'endroit des

(1) *Ibid.* p. CXII et CXIII.
(2) *Ibid.* p. CXIII.

Anglais ; après les avoir admirés d'abord presque sans réserve, notamment dans la première rédaction de son premier livre, il finit par les juger, dans la troisième rédaction de ce même livre, avec la sévérité la plus perspicace. On se rendra aisément compte de ce changement, si l'on se rappelle ce que nous disions tout à l'heure, à savoir que l'auteur des Chroniques se place toujours, pour juger les peuples aussi bien que les individus, au point de vue de la chevalerie.

« La première rédaction où Froissart exalte surtout les Anglais, a été composée de 1369 à 1373. A cette époque, Froissart venait de passer huit ans à la cour d'Edouard III, comme clerc de Philippe de Hainaut, sa compatriote et sa protectrice, qui l'avait comblé de faveurs. Toutefois, on se tromperait sans nul doute, en attribuant seulement à la reconnaissance personnelle, l'enthousiasme pour l'Angleterre, qui éclate à toutes les pages de la première rédaction ; cet enthousiasme a une autre cause plus noble encore, et surtout plus désintéressée. La première rédaction ne comprenait que la partie du règne d'Edouard III, antérieure à 1373, et l'on sait que cette brillante période, signalée par les victoires de Crécy et de Poitiers, marque l'apogée de la gloire et de la puissance anglaise. Durant le même temps, la noblesse normande, transplantée de l'autre côté du détroit, lutta d'esprit chevaleresque non moins que de courage, avec la noblesse française ; et quand on vit le jeune vainqueur de Poitiers servir à table son loyal prisonnier, un tel acte de courtoisie souleva l'admiration de l'Europe entière. Comment Froissart, l'historien, j'allais dire le chantre de la chevalerie, n'aurait-il pas ressenti, lui aussi, pour l'Angleterre d'Edouard III et du Prince noir, un enthousiasme qui ne fût jamais ni plus légitime ni plus universel ?

« Tout était bien changé, lorsque trente ans plus tard, notre chroniqueur entreprit d'écrire la troisième rédaction de son premier livre. L'infortuné Richard II, dépouillé de sa couronne par un usurpateur, venait de périr misérablement, après avoir subi les plus indignes traitements, et Froissart avait dû éprouver une profonde douleur, en voyant disparaître dans la personne de ce prince, qui l'avait si bien accueilli lors de son dernier voyage en Angleterre, le petit-fils de Philippe de Hainaut, le fils du Prince noir, le rejeton d'une dynastie qu'il aimait. D'ailleurs, comme ces tempêtes qui soulèvent, jusqu'à la surface, les monstres endormis au sein des mers, les troubles précurseurs de la déposition, de la mort de Richard, avaient mis à nu et pour ainsi dire déchaîné ce fond d'égoïsme effréné, indomptable, barbare au besoin, que recouvre d'ordinaire le flegme de la race anglo-saxonne. A partir de ce moment, il est visible que l'Angleterre cesse d'apparaître à notre chroniqueur comme la terre chevaleresque par excellence (1)...

« Il est une nation au sujet de laquelle les sentiments de Froissart n'ont jamais varié, c'est la nation allemande, pour laquelle il laisse percer partout l'aversion la plus profonde. Il importe d'autant plus de constater ici ce fait, qu'on y trouve l'occasion de signaler un trait saillant du caractère de notre chroniqueur, qui n'est pas une des moindres garanties de sa sincérité, je veux dire le désintéressement. Il n'y eut jamais d'âme plus française que

---

(1) *Ibid.*, p. CXIV et CXV.

celle de Froissart, parce qu'il n'y eut jamais d'âme plus chevaleresque et plus désintéressée. Admirer le courage, l'honneur, la générosité, la magnificence, la beauté et faire partager en les racontant dignement, cette admiration à la postérité, tel semble avoir été le but dominant du chroniqueur, d'un bout à l'autre de sa carrière ; le souci de sa personne, de ses intérêts, ne paraît avoir joué dans sa vie, qu'un rôle tout-à-fait secondaire (1)...

« La conscience de Froissart n'est pas moins incontestable que sa bonne foi (2)...

« Des considérations qui précèdent, il ressort avec évidence que Froissart égale, s'il ne surpasse, au point de vue de l'exactitude, la plupart des chroniqueurs contemporains (3)... »

C'est à regret que nous arrêtons le cours de ces citations remarquables, et qui prouvent, chez le dernier éditeur de Froissart, une connaissance si profonde, si intime, de cette importante et colossale Chronique. A plus d'un siècle d'intervalle, M. S. Luce donne la main à La Curne de Ste-Palaye et corrobore, en le développant, son témoignage, d'une si haute valeur.

---

(1) *Ibid.*, p. CXVII.
(2) *Ibid.*, p. CXX.
(3) *Ibid.*, p. CXXIII.

LA MORT DE RAPHAEL

La biographie d'un grand artiste comme Raphaël, intéresse trop le public — même le plus étranger ou le plus indifférent aux choses du domaine de l'intelligence, — pour que le récit des derniers jours de cet illustre peintre ne soit pas accueilli avec une faveur marquée. Déjà nous avons résolu un problème dans cet ordre de faits, en réduisant à leur juste valeur les fables qui ont si longtemps couru sur les causes de la mort du Corrége(1); aujourd'hui, la fin prématurée de Raphaël (il venait d'atteindre sa trente-septième année), appelle notre attention au double point de vue historique et moral.

La meilleure manière de résoudre une question étant de la poser et de l'annoncer franchement, nous nous demanderons si Raphaël est mort des suites d'une malheureuse passion pour la Fornarina, comme on le croit

(1) Voyez la 10° série des *Erreurs et mensonges historiques*, p. 58-77. (La mort du Corrége.)

dans le monde des artistes, ou d'excès de travail, selon le dire d'écrivains sérieux.

Ce que l'on appelle les gens sérieux ne le sont souvent qu'en apparence; les préjugés courants trouvent en eux de trop faciles adeptes, et ils diront et écriront par exemple avec la plus intrépide ou naïve assurance des choses comme celle-ci : « La Fornarina fut la maîtresse de Raphaël; cet amour, *comme on sait*, fut fatal au grand artiste et le conduisit au tombeau (1). » Et d'un. « La veille de sa mort, il oubliait la gloire dans les bras de la Fornarina (2). » Et de deux. Nous pourrions citer tout le clan des biographies plus ou moins *universelles* et *générales ;* mais, les deux spécimens susdits sont suffisants ; ils constituent un thème que, pour cause, on a jusqu'ici négligé de développer : il est plus facile, en effet, d'affirmer que de prouver.

. Sans doute, selon les vraisemblances et même les réalités de la vie moderne, il paraît très-naturel qu'un artiste ait des maîtresses, qu'il lâche la bride à ses passions, qu'il soit un franc bohême ; pour beaucoup de gens, la vie et le génie de l'artiste sont à ce prix et n'ont pas d'autre source d'inspiration. Quant à nous, nous ne le croyons pas et nous pourrions, au besoin, même à notre époque passablement débraillée, citer un assez bon nombre d'artistes dont le génie a demandé à de tous autres éléments son inspiration, sa force et ses œuvres dignes de l'admiration publique. Mais, nous ne devons

(1) *Grand dictionnaire universel du XIXᵉ siècle* (1872), article Fornarina (La).

(2) G. Planche, *Raphaël* (*Revue des Deux-Mondes*, 1ᵉʳ janvier 1848, p. 150.)

pas nous écarter de la question que nous nous sommes proposé de résoudre, et dont les détails préliminaires établissent tout d'abord de très-fortes présomptions en faveur de la moralité et par conséquent du génie de Raphaël : car, le désordre ne fut jamais la source du talent et de la renommée légitimement conquise, durable, immortelle.

A l'époque où naquit Raphaël, les traditions religieuses et mystiques de l'école d'Ombrie avaient imprimé et conservaient à la peinture un caractère tout particulier d'enseignement moral ; l'art s'élevait à la hauteur d'un sacerdoce et d'un apostolat, se basant sur les prescriptions formelles du deuxième concile de Nicée : « La « sainte Eglise catholique met en œuvre tous nos sens « pour nous amener à la pénitence et à l'observation des « commandements de Dieu ; elle s'efforce de nous en- « traîner non-seulement par l'oreille, mais par la vue, « dans le désir qu'elle a de perfectionner nos mœurs. »

Né d'une famille de peintres pénétrés de ces sentiments élevés, Raphaël eut pour père un peintre doublé d'un poète. Vasari (1) — avec cette superficielle érudition qui le distingue, — traite le père de Raphaël de peintre médiocre : il se trompe. « Je n'irai pas aussi loin que M. Waagen, qui fait de cet artiste presque l'égal du Pinturicchio et du Pérugin (2) ; mais à en juger par ceux

---

(1) *Vite dé pittori*.

(2) Apud appendice à l'*Histoire de Raphaël*, 2º édit. 1853, p. 9-11. « Giovanni Santi, le père du célèbre Raphaël Sanzio, était un artiste si distingué, qu'il égalait les peintres les plus habiles de l'Ombrie, sa patrie, tels que Pérugin et le Pinturicchio (Waagen, l. c. sup. p. 9.)

de ses ouvrages qui se trouvent encore à Urbin et dans les environs de cette ville, ainsi que par son *Annonciation* de la galerie de Brera et par sa *Madone* du musée de Berlin, on peut bien dire qu'il est au rang des meilleurs peintres de l'école ombrienne (1). »

Il éleva son fils avec une tendresse extrême. « Homme de sens et de jugement, dit de lui Vasari, il savait combien il importe de ne pas confier à des mains étrangères un enfant qui pourrait contracter des habitudes basses et grossières parmi des gens sans éducation. Aussi voulut-il que ce fils unique et désiré fût nourri du lait de sa mère, et put, dès les premiers instants de sa vie, s'accoutumer aux mœurs paternelles. »

Le père fut le premier maître de son fils. De très-bonne heure, le jeune homme l'aida dans ses travaux, et on reconnaît dans ses premiers ouvrages un sentiment vrai, fort, un goût pur qui rappelle la manière de son père : « C'est au milieu de cette famille honnête, dans ces habitudes de travail, aimé par une tendre mère, guidé par un homme intelligent, que grandit Raphaël... A l'âge où les impressions sont ineffaçables, il respira au foyer paternel l'enthousiasme mystique qui, dans l'école d'Ombrie, était une religion plutôt qu'une simple tradition d'art. »

Ainsi s'exprime M. Ch. Clément, dans son excellente mais trop rapide étude sur Raphaël (2).

Le jeune artiste eut le malheur de perdre prématuré-

---

(1) Ch. Clément, *Michel-Ange, Léonard de Vinci, Raphaël,* etc. (1867), p. 252.
(2) P. 253.

ment les auteurs de ses jours ; à trois ans de distance ils se suivirent dans la tombe, la mère d'abord. A la mort de son père, Raphaël n'avait pas encore douze ans. Pendant les deux ou trois années qui s'écoulèrent avant son entrée dans l'atelier du Pérugin, le jeune adolescent demeura dans sa ville natale (Urbin), confié aux soins de son oncle maternel et c'est à la fin de 1495 ou en 1496 qu'on le confia au Pérugin.

Si controversé qu'ait été le talent du maître de Raphaël, — dans ses plus médiocres ouvrages, on trouve un accent de sincérité, un sentiment religieux, une suavité, une impression pure et chaste qu'il est impossible de méconnaître ; ces mêmes caractères sont bien plus évidents encore dans les véritables chefs-d'œuvre qu'il peignit avant 1500 : le *Sposalizio* du musée de Caen, la *Pietà* du palais Pitti, l'*Ascension* du musée de Lyon et l'admirable fresque de *Sainte Marie-Madeleine*, à Florence.

Raphaël se rendit à Florence à la fin de 1504, et de cette année à 1508, à part deux ou trois séjours de peu de durée qu'il fit à Pérouse, à Urbin et à Bologne, il ne quitta pas Florence. C'est pendant ces quatre années que son talent arriva à sa pleine maturité. Cependant Bramante avait parlé de lui au Pape Jules II, et il fut appelé à Rome (1508) pour prendre part aux immenses travaux que le Pape faisait exécuter au Vatican. Raphaël avait alors vingt-cinq ans. Il fut immédiatement chargé, par le chef de l'Eglise, de décorer de quatre grandes fresques la salle du Vatican dite de la Signature. C'était une lourde tâche qui absorba bientôt tous ses instants. Le projet que l'artiste avait proposé à Jules II, et que celui-ci avait adopté, était l'un des plus grandioses qu'un peintre eût encore imaginés ; il s'agissait de représenter dans quatre vastes compositions allégoriques la Religion, la Science, les Beaux-Arts et le Droit ; ces fresques, qui ont été conservées jusqu'à ce jour, sont *la Dispute du St-Sacrement*, *l'Ecole d'Athènes*, *Apollon au milieu des Muses* et *la Jurisprudence*.

Le succès des peintures de la chambre de la Signature fut immense, et Jules II confia immédiatement à Raphaël la décoration d'une nouvelle salle, qui prit, de la plus importante des fresques qu'il y exécuta, le nom de *salle d'Héliodore*. C'est dans une femme vue de dos et qui tourne la tête que paraît pour la première fois la Fornarina, à ce que prétend un critique moderne d'art, M. Gruyer (1). Depuis cette époque, dit-il, Raphaël a mis la Fornarina dans presque tous ses ouvrages de grand caractère ; on la reconnaît dans l'*Incendie du bourg*, dans la *Vierge au poisson*, dans celle de St-Sixte, dans la mère du possédé de la *Transfiguration*, etc.

C'est Vasari — (2) dont il faut beaucoup se défier, — qui donne la Fornarina pour maîtresse à Raphaël et attribue la mort prématurée du grand artiste à des excès de plaisirs. « Un jour, dit-il, il rentra chez lui avec une forte fièvre, les médecins crurent qu'il s'était refroidi. Il leur cacha les excès qui étaient la cause de sa maladie, de sorte que ceux-ci le saignèrent abondamment et l'affaiblirent, tandis qu'il aurait fallu le fortifier (3). »

---

(1) *Essai sur les Fresques de Raphaël au Vatican* (1858), p. 192.
(2) Tome II, p. 132.
(3) « Tel est le récit de Vasari, récit que l'on trouve accrédité, quoique sans preuve, mais aussi sans aucune controverse jusqu'à

« L'exactitude de ce désagréable récit — comme le qualifie M. Charles Clément (1), — paraît heureusement contestable. Il semble naturel de penser que la vie de Raphaël, minée par des travaux immenses, par une dépense exagérée des forces de l'intelligence, *par de véritables excès de génie*, ait pu se briser au premier choc, et les renseignements communiqués par Missirini à Longhena et publiés par celui-ci (2), donnent sur la mort de Raphaël des détails qui sont empreints d'un cachet de vérité qu'il semble impossible de méconnaître. » « Raphaël était d'une nature très-distinguée et délicate ; sa vie ne tenait qu'à un fil, excessivement ténu quant à ce qui regardait son corps, car il était tout esprit, outre que ses forces s'étaient beaucoup amoindries et qu'il est extraordinaire qu'elles aient pu le soutenir pendant sa courte vie. Etant très-affaibli, un jour qu'il se trouvait à la Farnésine, il reçut l'ordre de se rendre sur-le-champ à la cour. Il se mit à courir pour n'être pas en retard. Il arriva en un moment au Vatican, épuisé et tout en transpiration : il s'arrêta dans une grande salle, et pendant qu'il parlait longuement de la fabrique de St-Pierre, la sueur se sécha sur son corps,

présent, récit que nous avions suivi nous-même (dit Q. de Quincy, p. 365, note 1), dans notre première édition de l'*Histoire de Raphaël*, etc. »

(1) P. 319 et 320.
(2) Dans sa traduction italienne (Milan, 1829), de la première édition de l'ouvrage de Quatremère de Quincy, *Histoire de la vie et des ouvrages de Raphaël*. Cf. Q. de Quincy, p. 365 et 366, de la 2ᵉ édition de son ouvrage, note 1, où se trouve le texte communiqué par Missirini à Longhena.

et il fut pris d'un mal subit. Etant rentré chez lui, il fut saisi d'une fièvre pernicieuse qui l'emporta malheureusement dans la tombe (1). »

Et tout récemment le marquis J. Campori écrivait, d'après des documents inédits : « Raphaël, dont les forces du corps et de l'esprit s'épuisèrent par un surcroît de travail, au moment où il se préparait à donner les derniers coups de pinceau à *la Transfiguration*, frappé par une fièvre violente, trépassait le 6 avril 1520, pour aller contempler au ciel les types de ces saintes images que le ciel lui avait inspirées... »

Le lendemain, 7 avril, Pauluzzi faisait part au duc de Ferrare de ce triste événement, en ces termes :

⁂

(1) Raffaello Sanzio era d'indole nobilissima e dilicata; la vita sua si appigliava ad uno stame tenuissimo, in quanto al corpo, perche era tutto spirito, oltre che le forze fisiche gli si erano di molto menomate, e che fanno maraviglia essersi potute sostenere in si breve eta. Ora trovendosi assai debile, e standosiult di nella Farnerina, ebbe ordine che di presente si recasse à corte. Perche datosi a correre, per non ritardare, giunse in un fiato al Vaticano, tutto trafelato e sudante ; e ivi standosi in vaste salese ragionando a lungo sulla fabrica di S. Pietro, gli si raffreddo il sudore sulla persona, e fa compreso tosto da un male improviso. Laonde ito a casa fu sopraggiunto da una specie di perniciosa chelo trasse sventuramente alla tomba. — Apud Q. de Quincy, p. 366, note. « La lecture de cette pièce, ajoute Missirini, fut pour moi des plus significatives ; mais ma confiance en elle augmenta encore par la nouvelle assurance que me donna de toutes ces circonstances le célèbre peintre Camuccini et qui joint à un grand talent les connaissances les plus étendues sur les maîtres de son art. » (Q. de Quincy, *Ibid. ut sup.*)

« Raphaël d'Urbin a été enterré à la Rotonda, succombant à une fièvre continue et aiguë qui l'attaqua voilà huit jours. »

Ces paroles donnent un nouveau démenti à la cause assignée par Vasari à la mort de Raphaël (1).

Cinq jours après, un des nobles amis de l'artiste, écrivait : « Le vendredi-saint, dans la nuit de ce jour au samedi, à trois heures, mourut le très-aimable et très-excellent peintre Raphaël d'Urbin, à l'universelle douleur de tous... Le Souverain-Pontife a éprouvé une immense douleur et, pendant les quinze jours que le jeune maître a été malade, il l'a envoyé visiter et conforter, au moins six fois. Pensez ce qu'ont dû faire à cet égard les autres personnes (2)... »

L'ami de Raphaël, le cardinal Bibiena, lui avait offert, il y avait déjà six ans, sa nièce en mariage ; les deux jeunes gens étaient fiancés quand la mort vint frapper le futur époux ; sa fiancée l'avait précédé dans la

---

(1) Voyez la Gazette des Beaux-Arts, n° du 1ᵉʳ mai, 1863, p. 454. (Documents inédits sur Raphaël, par le marquis G. Campori.)

(2) Lettre sur la mort de Raphaël, écrite par ser M. A. Michiel de ser Vettor, à Rome le 11 avril 1520. — « Il Venerdi santo di notte venendo il Sabato a hore 3, morse il gentilissimo et excellentissimo pictore Raffaello de Urbino con universal dolore de tutti... Il Pontefice istesso ha avuto ismisurato dolore, et nelli 15 giorni, che è stato infermo ha mandato a visiterlo e confortarlo ben 6 fiate. Pensate che debbiano avere fatto gli attri. » — Apud Q. de Quincy, p. 448 et 449.

tombe (1). Le grand artiste expira dans les sentiments les plus chrétiens ; son corps fut exposé chez lui, selon l'usage du temps et du pays. Le lieu de l'exposition fut celui-là même où se trouvait suspendu sur l'échafaud qui le supportait le tableau de *la Transfiguration*, terminé mais attendant peut-être, en quelques parties, un dernier fini.

Léon X versa des larmes sur cette mort (2) : véritablement il destinait un chapeau de cardinal à l'artiste, et ici il faut dire qu'en cela le Pape ne contrevenait à aucun usage ni à aucun droit de pontife. En disposant d'un chapeau, le Pape conférait une distinction, par l'effet de laquelle il donnait le titre et le revenu qui y était attaché, en dispensant des fonctions ecclésiastiques. Aux yeux de Léon, les arts ne devaient pas être moins bien traités que les sciences. Plus de vingt savants étaient revêtus de la pourpre : on sait assez que la naissance même obscure n'était pas un obstacle qui interdît ces faveurs (3).

Sous Grégoire XVI, le 26 octobre 1833, on rendit à Raphaël de nouveaux honneurs. Sa dépouille mortelle ayant été retrouvée à l'endroit même qu'il avait désigné pour sa sépulture, dans la Rotonde, sous l'autel de la chapelle ornée par lui, et appelée *della Madonna del*

---

(1) *Ante nuptiales fabes virgo est elata*, dit l'épitaphe de la nièce du cardinal Bibiena. Cf. Vasari, tome III, p. 231.

(2) Vasari dit que le Pape pleura amèrement la mort de Raphaël : « La sua morte amaramente lo fece piangere. »

(3) A. de Montor, *Histoire des souverains pontifes romains*, (1847), tome IV, p. 74. Cs. Q. de Quincy, p. 360-364.

Sasso, Grégoire XVI ordonna qu'on prît au muséum du Vatican un beau sarcophage en marbre, qui serait destiné à recevoir le cercueil de bois revêtu en plomb où les ossements avaient été nouvellement déposés. « Le 18 octobre au soir, dit le *Diario*, on a procédé à la cérémonie de cette inhumation des restes de Raphaël : elle a eu lieu avec beaucoup de pompe. Le sarcophage ayant été descendu, fut placé à l'endroit même où, en présence du cardinal Zurla et des principaux prélats de Rome, l'on avait retrouvé l'ancien cercueil. Les présidents de tous les corps académiques assistaient à cette cérémonie. »

Conclusion : Raphaël n'est pas mort des suites d'une malheureuse passion pour la Fornarina, mais d'excès de travail et de *véritables excès de génie,* comme le dit énergiquement M. Charles Clément (1), d'accord avec les écrivains les plus sérieux et les biographes contemporains du grand artiste (2).

---

(1) P. 320.
(2) Bellori, entre autres (*Descrizioni*, etc., p. 63). La fatica degli studj continui. Cs. Comolli, p. 98.

UN ROMAN, A PROPOS DE PHILIPPE II

A l'heure qu'il est, Philippe II reste, pour l'Espagne, le monarque le plus populaire de ce pays ; c'est, pour nos voisins de là les Pyrénées, le type par excellence du roi justicier; mais il n'en est pas de même chez nous, où, d'ailleurs, nos hommes d'Etat les mieux méritants sont si mal appréciés. Quoi de plus impopulaire en effet, en France, que Louis XI, Richelieu et Mazarin, pour ne citer que quelques noms !..

L'impopularité de Philippe II, en France, je dirai plus, l'aversion et l'horreur que la mémoire de ce prince éveille parmi ce qu'au siècle dernier on appelait les gens *sensibles*, sont basées uniquement sur un épisode romanesque et par conséquent faux, la mort de don Carlos, son fils. C'est un écrivain de l'école de Varillas, qui, au dix-septième siècle, propagea ce mensonge insigne par une nouvelle dont le succès fut très-grand, car elle a laissé profondément gravée dans les générations suivantes la réputation de sombre et impitoyable cruauté, sous le coup de laquelle le monarque espagnol est toujours resté écrasé depuis cette époque.

Donc, en 1673, St-Réal publiait sa *Nouvelle* soi-disant *historique*, Don Carlos, où il se faisait l'écho complaisant de Brantôme et de de Thou, autorités des plus suspectes, on le sait. Au siècle suivant les philosophes — Voltaire en tête naturellement, — érigeaient en dogmes irrécusables les fictions de St-Réal, qui servaient à merveille leur haine des rois catholiques.

Tout en avouant que St-Réal est un « homme qu'il ne faut pas regarder comme un historien (1), » Voltaire, qui n'avait guère d'autre garant que ce faiseur de romans, disait d'un ton doctoral : « Pour bien connaître le temps de Philippe II, il faut d'abord connaître son caractère, qui fut en partie la cause de tous les grands événements de son siècle; mais on ne peut apercevoir son caractère que par les faits. On ne peut trop redire qu'il faut se défier du pinceau des contemporains, conduit presque toujours par la flatterie ou par la haine; et pour ces portraits recherchés, que tant d'historiens modernes font des anciens personnages, on doit les renvoyer aux romans (2). »

Dans ces lignes pleines de contradictions flagrantes, ces dernières ont tout l'air de viser St-Réal; cela peut s'appeler tirer sur ses alliés, car, pourquoi reléguer dans le domaine du roman les écrivains qui se sont affranchis du témoignage des contemporains que Voltaire taxe de flatterie ou de haine, sans admettre de juste milieu, d'équilibre et d'impartialité? Mais, les contradictions ne

---

(1) Voltaire à Grosley, 22 janvier 1758.
(2) *Essai sur les mœurs*, chap. CLXIII.

sont-elles pas les dignes filles de la fausse philosophie et du sophisme, volontairement obscurcis l'une et l'autre par l'esprit de parti-pris, père de l'erreur et du mensonge

Et là-dessus, Voltaire — emporté par le goût ou la manie de son temps, — établit un parallèle entre Tibère et Philippe II; naturellement, c'est l'empereur romain qui l'emporte sur le monarque espagnol (1).

Venant enfin, un peu tard, au grief principal de la philosophie contre le roi catholique, le patriarche de Ferney, l'apôtre *à outrance* de la tolérance et de *l'humanité*, s'exprime ainsi : « Un grand événement de la vie domestique de Philippe II, qui exerce encore aujourd'hui la curiosité du monde, est la mort de son fils don Carlos. Personne ne sait comment mourut ce prince; son corps, qui est dans les tombes de l'Escurial, y est séparé de sa tête : on prétend que cette tête n'est séparée que parce que la caisse de plomb qui renferme le corps est en effet trop petite. C'est une allégation bien faible: il était aisé de faire un cercueil plus long. Il est plus vraisemblable que Philippe II fit trancher la tête de son fils. On a imprimé dans la vie du czar Pierre Ier que, lorsqu'il voulut condamner son fils à la mort, il fit venir d'Espagne les actes du procès de don Carlos ; mais ni ces actes ni la condamnation de ce prince n'existent. On ne connaît pas plus son crime que son genre de mort. Il n'est ni prouvé ni vraisemblable que son père l'ait fait condamner par l'Inquisition (2). »

On voit avec quelle puérile fécondité d'imagination

---

(1) Essai sur les mœurs, chap. CLXIII.
(2) Ibid. chap. CLXVI.

Voltaire se crée des obstacles pour avoir la gloire facile de les renverser. Et quel ton tranchant dans toutes ses suppositions! « Personne ne sait, — On prétend, — C'est une allégation bien faible, — Il est plus vraisemblable, etc. Et toujours l'éternel *On*, — On a imprimé, — On ne connaît pas plus, etc. » Voilà les seules autorités sur lesquelles s'étaie le récit de Voltaire; en vérité, cela n'est pas sérieux.

En 1568, Philippe II informa par lettres l'impératrice, sa sœur, et le pape Pie V, de ses griefs contre don Carlos. « Après ces lettres — poursuit Voltaire, — par lesquelles Philippe rend compte de l'emprisonnement de son fils, on n'en voit point par lesquelles il se justifie de sa mort, et cela seul, joint aux bruits qui coururent dans l'Europe, peut faire croire qu'en effet Philippe fut coupable d'un parricide... » La conclusion est assurément cavalière, pour ne pas dire audacieuse. Le silence est un grand argument pour les sophistes de cette taille; pour eux, ne rien dire équivaut à l'aveu le plus éloquent. On va loin avec de tels principes, qui sont tout simplement la négation des formes judiciaires les plus élémentaires.

Selon Voltaire et tous ses disciples jusqu'à nos jours, la cause de la mort tragique de don Carlos fut l'amour de ce prince pour Elisabeth, sa belle-mère, qui le payait de retour. « Rien n'était plus vraisemblable, » insiste le sophiste (1), et ce double trépas, à peu de distance l'un de l'autre, s'explique tout naturellement, suivant le même prétendu critique.

Mais, sur quel témoignage Voltaire avance-t-il avec

---

(1) Essai sur les mœurs, chap. CLXVI.

tant d'assurance impudente de telles énormités ? Sur l'unique témoignage d'un ennemi juré de Philippe II, le prince d'Orange, sombre fanatique protestant. Or, en bonne justice, un témoignage isolé est nul. *Testis unus, testis nullus.*

Toujours en quête et en veine de parallèles, Voltaire en établit encore un entre Pierre Ier, de Russie, et Philippe II, et c'est le czar qui l'emporte sur le monarque espagnol (1). Jusque dans ses inexorables *Commentaires sur Corneille*, Voltaire trouve moyen — à propos de l'examen des tragédies de *Polyeucte* et d'*Héraclius*, — de poursuivre de sa haine Philippe II. Citant de l'*Andronic*, de Campistron, ce vers :

.Quand j'ai du mauvais sang je me le fais tirer,

Il ajoute : « On a dit que Philippe II fit cette abominable plaisanterie à son fils, en le condamnant. »

Or, selon Beuchot, l'éditeur dévoué des œuvres de Voltaire, ce vers n'existe pas dans la susdite tragédie. Et comme Voltaire y insiste encore, à propos d'*Héraclius* et du roi d'Espagne, Beuchot renvoie de nouveau à sa note, ainsi conçue : « Je n'ai pas trouvé ce vers dans l'*Andronic* de Campistron (2). »

Un peu auparavant, un savant, l'abbé de Longuerue, écrivait : « Il y a un livre espagnol qui réfute solidement tout ce que M. de Thou a écrit de la mort de don Carlos... M. de Thou était quelquefois mal instruit des affaires étrangères (3). »

(1) Histoire de Russie, partie II, chap. X.
(2) Tome XXXV des OEuvres de Voltaire, p. 337, note 2.
(3) Longueruana, ou recueil de pensées, etc., de l'abbé de Longuerue, p. 8 (de l'édition de 1754. in-12, 1re partie).

Et le Père Griffet ajoutait: « Il a été un temps où l'on aimait à lire des livres qui n'étaient qu'un assemblage monstrueux de faits véritables et d'aventures imaginaires; on les intitulait *Nouvelles historiques :* la vérité n'en était pas tout à fait bannie, mais elle y était toujours corrompue par le mensonge.

« C'est ainsi que l'abbé de St-Réal a décrit la mort funeste de l'infant don Carlos, ouvrage trompeur... Ce petit livre eut un très-grand succès ; il n'y a que la vérité qui y manque (1). »

La Harpe se montre encore plus explicite et plus sévère que le Père Griffet.

« Le *don Carlos*, de St-Réal, — dit-il, — révèle une corruption de l'histoire inconnue aux anciens et qui caractérise la légèreté des modernes. Ils se plaisent à défigurer par un vernis romanesque des faits importants, des noms célèbres, en mêlant la fiction à la réalité (2). »

L'ouvrage de St-Réal est, en effet, plutôt un roman historique qu'une véritable étude, et, ce qu'il y a de très-curieux, c'est que l'auteur a fait de nombreuses recherches pour le composer. Comment est-il arrivé à un pareil travestissement de la vérité en croyant lui restituer son véritable caractère? Lui-même nous l'indique dans les lignes suivantes, où il nous révèle le secret de sa méthode: « L'histoire, dit-il, doit s'accommoder comme les viandes dans une cuisine. Il faut être fort simple pour

---

(1) Le Père Griffet, *Traité des différentes sortes de preuves qui servent à établir la vérité de l'Histoire*, etc., 2ᵉ édit. (1770) p. 11 et 12.

(2) Cours de littérature, tome VII, section *Histoire*.

l'étudier avec l'espérance d'y découvrir ce qui s'est passé ; c'est bien assez qu'on sache ce qu'en croient tels ou tels auteurs, et ce n'est pas tant l'histoire des faits qu'on doit chercher que l'histoire des opinions des hommes. »

L'aveu d'un tel procédé dénote pour le moins autant d'excentricité que de cynisme, et il n'est pas fait pour inspirer la moindre confiance dans son auteur.

Vers la fin du dix-huitième siècle, Alfieri, ne sachant comment épancher son fiel sur la monarchie, prit pour type du tyran le plus achevé Philippe II, et en fit le personnage principal d'une tragédie qui eut du retentissement en son temps et excita la vive et légitime indignation de M. de Maistre. « Sa tête ardente — dit l'auteur des *Soirées de St-Pétersbourg*, en parlant d'Alfieri, — avait été totalement pervertie par la philosophie moderne... Aucun juge sage et instruit ne pardonnera à Alfieri d'avoir falsifié l'histoire pour satisfaire l'extravagance et les préjugés stupides du dix-huitième siècle... Philippe aimait beaucoup sa femme et n'était pas moins bon père. Elisabeth mourut dans son lit d'une fausse couche plusieurs mois après don Carlos, qui était un monstre dans tous les sens du mot, et qui mourut de même dans son lit et de ses excès. Quand nous lirons l'histoire ensemble, je te montrerai comment les protestants et les philosophes l'ont arrangée. »

Voilà ce qu'écrivait M. de Maistre à sa fille (1), et peu après, l'éminent historien César Cantu, constatait que la vérité historique est entièrement sacrifiée dans la tragédie précitée d'Alfieri, *Philippe II*.

---

(1) Lettres et Opuscules, tome I, p. 124 et 125.

Le succès de cette œuvre avait séduit le poëte allemand Schiller qui, en 1787, publia son drame de *Don Carlos,* en cinq actes, en vers, indigeste production, inspirée de Brantôme et de St-Réal.

Pour en revenir à l'épisode de la mort de don Carlos, dont nous allons examiner la fable, l'histoire à la main, ce que l'on appellerait, dans un certain monde, la boutade de M. de Maistre, (non moins que l'assertion autorisée de César Cantu), provoqua les recherches non-seulement sur ce point si indignement travesti de l'histoire de Philippe II, mais encore sur les antécédents de ce prince, car le poëte l'a dit avec une haute raison,

> Un seul jour ne fait pas d'un mortel vertueux,
> Un perfide assassin.....

De 1854 à 1863, trois historiens de pays et de croyances divers, l'américain Prescott (1), le belge Gachard (2), le français M. de Moüy (3), firent bonne et complète justice du mensonge popularisé par St-Réal, Alfieri et Schiller, aux deux derniers siècles ; après les trois auteurs modernes, auxquels est venue s'adjoindre l'autorité de la *Revue des Deux-Mondes* (4), il n'y a plus à douter de

---

(1) History of the reign of Philip the second. (Londres, 1854-1858, 3 vol. in-8.)

(2) Don Carlos et Philippe II. (Bruxelles, 1863, 2 vol. in-8.)

(3) Don Carlos et Philippe II, (Paris, 1863, 1 vol. in-18.)

(4) Livraison du 1er avril, 1859, p. 576-601, article de P. Mérimée.

la folie coupable de l'insensé don Carlos et de la fausseté de ses amours avec la reine sa belle-mère, et Philippe II sort complétement absous de l'odieuse imputation de parricide, qu'un romancier, un sophiste et deux auteurs dramatiques lui avaient si audacieusement jetée à la face.

Et d'abord, Mérimée, dans son analyse minutieuse du livre de Prescott, attire notre attention ; car, comme il le proclame lui-même, il n'est nullement sympathique à Philippe II ; ce qu'il pourra dire à la décharge de ce prince est donc précieux à recueillir, puisque la vérité seule et non la bienveillance lui dictera ces aveux qui posent pour nous, d'une façon catégorique, la question dont Guchard et M. de Moüy ne feront qu'étendre et *varier* pour ainsi dire, le thème principal, par leurs profondes et complètes investigations jusque dans les moindres recoins d'un sujet si gravement intéressant.

« M. Prescott, après avoir étudié le grand problème historique de la mort violente de don Carlos, avec le soin le plus scrupuleux, n'a pas trouvé de preuves suffisantes pour prononcer un verdict de meurtre contre le monarque ;... mais il laisse voir des soupçons terribles qui... ressemblent fort à une conviction morale. Quant à moi, je ne connais sur la mort de don Carlos, d'autres documents que ceux dont M. Prescott a fait usage, et cependant mes conclusions seraient toutes différentes. Il me semble que l'historien américain ne s'est pas assez complétement dégagé des idées de son pays et de notre temps pour examiner les pièces de cet étrange procès, et que, contre son habitude, il a tiré des inductions un peu trop hardies de quelques passages qui se prêtent à une interprétation beaucoup plus naturelle et moins tragique.»

Ainsi s'exprime Mérimée (1), et voici, en peu de mots, son argumentation à ce sujet.

Les poëtes et les romanciers se sont tellement exercés sur le personnage de don Carlos, qu'ils ont à peu près complètement fait oublier les témoignages des contemporains sur le caractère de ce prince. Brantôme, qui séjourna quelque temps à la cour d'Espagne, en 1564, c'est-à-dire un peu plus de trois ans avant la mort de don Carlos, dit : « Ce prince était fort nastre, estrange et avait plusieurs humeurs bigarrées. » *Nastre* est un mot encore usité dans le Périgord, dans le sens de *sournois, mauvais garnement*. Les *humeurs bigarrées* sont une façon polie de dire que le jeune prince avait la tête dérangée. Les ambassadeurs vénitiens écrivaient à leur gouvernement qu'il annonçait une cruauté précoce, et entre autres preuves qu'ils en donnent, ils rapportent qu'un de ses amusements était de faire rôtir des lièvres tout vivants. « Il aimait fort à ribler le pavé, dit Brantôme, et faire querelles à coups d'épée, fut de jour, fut de nuit. » Une fois, mécontent de son cordonnier, qui lui avait confectionné des bottes trop étroites, il les lui fit manger, coupées en morceaux et fricassées. Don Carlos avait coutume de cacher, dans ses bottes, une paire de pistolets, mauvaise habitude pour un homme si sujet à des accès de colère violente. Une fois, il rossa son gouverneur, une autre fois il voulut jeter par la fenêtre son chambellan. Ce sont là plus que des espiègleries et des polissonneries d'adolescent. Il se moquait hautement de son père, qu'il avait pris en haine. Cependant il voulait

(1) *Revue des Deux Mondes*, l. c. sup., p. 585.

jouer un rôle politique, avoir une cour, et probablement il se figurait qu'il aurait alors de meilleures occasions de rosser les gens et de les insulter. Quand il apprit la nomination du duc d'Albe au poste de gouverneur des Pays-Bas, qu'il se croyait dû, il s'emporta, défendit au duc d'accepter, et, selon son habitude, le menaça de le tuer. De fait, il tira son poignard; le duc le désarma et le tint en respect. C'est peu de jours après cette scène de violence que don Carlos fut arrêté et gardé à vue.

Sa folie furieuse allait toujours en empirant; vers Noël de l'année 1567, il paraissait en proie à une agitation extraordinaire; il dit et répéta devant ses gens qu'il voulait tuer un homme avec lequel il avait querelle, et il avoua que cet homme c'était son propre père!... Puis, Don Carlos voulut s'enfuir de la cour, réussit à emprunter de l'argent, et demanda à don Juan d'Autriche, son oncle, de l'accompagner; celui-ci s'y étant refusé, son neveu mit l'épée à la main et le força à se défendre. Don Carlos avait fait une espèce d'arsenal de sa chambre à coucher. « Notons, en passant, cette manie de s'entourer d'armes, si fréquente chez les personnes dont la raison est altérée (1). »

Les armes inquiétaient fort Philippe II, on les enleva au jeune prince, dont la folie, incurable dès lors, n'était plus un mystère pour personne.

Après avoir discuté l'opinion de Prescott, qui prétend qu'outre le cas de folie, l'accusation d'hérésie fut portée contre don Carlos, Mérimée conclut avec raison: « Ce qui est le mieux établi, c'est qu'il aurait laissé échapper

---

(1) Mérimée, l. c. sup., p. 589.

des menaces violentes contre son père et qu'il se préparait à faire quelque mauvais coup. Tout bien considéré, don Carlos me paraît avoir été un maniaque dangereux, et on en a renfermé sur des présomptions moins graves (1). »

Le prince mourut le 24 juillet 1568, plus de cinq mois après avoir été privé de sa liberté. Sa fin fût-elle naturelle? — Il montra d'abord une irritation furieuse, et même essaya, dit-on, de se donner la mort; puis, à ces accès de rage succéda une sorte de désespoir stupide. Il refusait de parler, il ne voulait admettre ni son confesseur, ni son médecin; sa santé déclinait rapidement; le médecin déclara au roi que sa fin était prochaine et inévitable.

A ce moment suprême, un éclair de raison illumina cette pauvre intelligence; ses derniers moments furent paisibles et édifiants; il expira après avoir reçu la bénédiction de son père. Laissons maintenant la parole à Mérimée : « L'héritier du plus puissant monarque de l'Europe est un jeune homme maladif, toujours miné par la fièvre, usé prématurément par la débauche, trépané à la suite d'une blessure grave à la tête. Naturellement violent et brutal, il menace de mort les ministres, il tire l'épée à tout propos, laisse voir l'envie de tuer son père, blasphème peut-être contre la religion, loue peut-être des sujets révoltés parce qu'ils sont révoltés contre son père, qu'il déteste. Un jour, il veut s'enfuir, on l'arrête, on l'enferme, on le soigne fort mal assurément, il meurt après cinq mois de détention.

---

(1) *L. c. sup.*, p. 593 et 594.

« L'enfermer, c'était le seul parti à prendre, lorsqu'il montra l'envie de s'enfuir, mais il avait été solennellement reconnu par les Cortès pour successeur du roi régnant. Philippe était âgé et d'une santé déjà chancelante ; s'il mourait avant son fils, l'Espagne allait tomber aux mains d'un maniaque... Telles devaient être les pensées de Philippe, en apprenant les dernières violences de don Carlos. Ses conseils secrets, les prières qu'il fait adresser de toutes parts pour obtenir une inspiration d'en haut, le procès enfin, s'il faut admettre qu'il y ait eu un procès, toutes ces mesures prises avec tant de mystères, s'expliquent pour moi par le projet d'exclure juridiquement du trône un prince incapable de gouverner... Evidemment pour Philippe, de même que pour tous ceux qui approchaient le prince, la conviction était que le mal était incurable. Le roi voulut non pas le mettre en tutelle, mais l'éloigner à jamais du trône (1). »

On ne peut mieux dire... Mais maintenant, il faut aborder l'examen de la fameuse question des amours d'Elisabeth et de don Carlos, de la belle-mère et du beau-fils, causes, dit-on, de la mort violente, qu'un roi doublement outragé comme père et comme époux, aurait infligée à son indigne fils.

« M. Prescott a examiné cette tradition fort peu historique, avec le soin minutieux qu'il apporte dans toutes ses recherches et l'attention parfois exagérée qu'il accorde à toutes les opinions. A tout ce lugubre drame il n'a pas trouvé le moindre fondement. Il est vrai qu'il avait été question de marier don Carlos à Elisabeth, pour con-

---

(1) *L. c. sup.*, p. 597 et 598.

solider la paix entre l'Espagne et la France ; mais comme ce mariage n'aurait pu se conclure immédiatement, Elisabeth n'ayant que quatorze ans, et don Carlos quelques mois de moins, les plénipotentiaires français furent les premiers, dit-on, à proposer que Philippe épousât la fille de Henri II. Philippe se hâta d'accepter la main de la princesse française... Il est très-possible qu'en voyant sa charmante belle-mère, don Carlos ait regretté que la diplomatie l'eût trouvé trop jeune pour cimenter l'alliance entre les deux couronnes ; mais il se consola bien vite. S'il se montra reconnaissant de la bienveillance avec laquelle le traitait Elisabeth, s'il semblait l'excepter seule du mépris qu'il montrait pour les femmes, il est impossible de trouver dans leurs relations la moindre trace d'amour. Elisabeth voulait le retirer de la vie crapuleuse qu'il menait, et son projet était de le marier à sa sœur Marguerite de Valois. C'eût été un assez triste cadeau à lui faire. Ajoutons que M. Prescott a rassemblé les témoignages les plus nombreux et les plus authentiques, pour prouver la confiance et l'affection qui, jusqu'au dernier moment, régnèrent entre Philippe et sa femme... La cour de la reine était toute française. Telle était la séduction exercée par cette jeune et belle princesse, que l'austère Philippe II lui-même en subissait l'influence. On sait qu'elle mourut en couche, et quelque mois après don Carlos. Philippe déclara que c'était le coup le plus rigoureux qui l'eût encore frappé (1). »

Telle est l'analyse sommaire et cependant bien suffisante pour bien poser la question, du chapitre unique

---

(1) Mérimée, *l. c. sup.*, p. 599.

consacré par Prescott, à l'examen de l'épisode de don Carlos ; il est bien établi, dès à présent, qu'il n'y a pas un mot de vrai dans les prétendues amours de don Carlos et d'Elisabeth, et que par conséquent, et pour bien d'autres raisons, le jeune fils de Philippe II est mort d'une mort naturelle. Mais il ne faut pas s'arrêter là ; les développements donnés à l'examen critique et approfondi de cette double question par Gachard, doivent compléter, en en élargissant le cadre, l'élucidation de ce point important de l'histoire d'Espagne, qui nous intéresse assez vivement, puisqu'Elisabeth, qu'on a voulu transformer quand même en une héroïne de roman et de théâtre, était et resta toujours française d'esprit et de cœur, et mérita toute l'affection de son royal époux, dont on a fait volontiers, trop facilement, une sorte de sombre tyran de mélodrame.

Prescott n'ayant pas connu la plus grande partie des pièces importantes, est extrêmement incomplet, très-souvent inexact ; non-seulement nous pouvons nous fier entièrement à Gachard et à M. de Moüy, qui, on peut le dire, ont épuisé toutes les sources d'informations, mais encore, dont l'impartialité à l'égard de Philippe II s'affirme avec une énergie parfois brutale, — que l'on nous passe cette expression, qui rend bien notre pensée sur le caractère de ces deux historiens modernes.

« Ce n'est point par intérêt pour la mémoire de Philippe II, que j'ai pris la plume, dit M. de Moüy, résumant la pensée de Gachard. Je plaindrais l'historien qui ressentirait la moindre sympathie pour sa politique ténébreuse. J'ai voulu seulement éclaircir un fait obscur, et en somme, quelle que soit l'horreur que m'inspirent cette oppression universelle, cette subordination absolue des corps et des âmes à un pouvoir tout ensemble religieux et politique, *l'histoire doit à tous la vérité* (1). »

Or, Philippe II n'a besoin que de la vérité, et la réhabilitation de ce prince (une sorte de Louis XI, selon les hommes du siècle dernier), nous sera fournie, bien involontairement, par Gachard ; ces sortes de témoignages n'en sont que plus précieux à recueillir, et nous n'avons garde d'y manquer, comme nous l'avons déjà tout récemment fait pour l'étude du caractère de Charles V, roi de France (2).

Le 15 novembre 1543, Philippe II épousait la princesse dona Maria, sa cousine ; il avait alors seize ans et demi, et était l'un des princes de son temps, les mieux faits et les plus agréables (3). Deux ans s'étaient à peine écoulés, (8 juillet 1545), que la princesse donnait le jour à un fils qui devait être don Carlos, dont la naissance fut suivie quatre jours après de la mort de sa mère, causée par une imprudence de jeune femme. Il est plus aisé de se figurer que de dépeindre la douleur que Philippe II ressentit de cette fin prématurée ; il passa trois semaines sans voir personne.

Il choisit, pour gouvernante de l'infant, dona Leonor de Mascarenas, aux soins de laquelle il avait été confié lui-même dans son bas-âge. « Mon fils, lui dit-il, a perdu

---

(1) Don Carlos et Philippe II, p. XII et XIII.
(2) Voyez la dixième série des *Erreurs et mensonges historiques*, p. 171-272.
(3) « En estos tiempos era de los gallardos y hermosos que avia en el mundo. » (Sandoval, *Historia de Carlos V*, livre XXVI, §. 1.)

sa mère ; vous lui en servirez, traitez-le comme telle (1). »
Jusqu'à l'âge de sept ans accomplis, Philippe laissa son
fils entre les mains des femmes. A cette époque, il lui
donna un gouverneur, qui fut don Antonio de Rojas,
tandis qu'Honorato Juan devenait son précepteur. « Je
« vous charge beaucoup, écrivait le roi à ce dernier, de
« travailler à former l'infant à la vertu et aux con-
« naissances humaines, ainsi que vous le devez à la
« grande confiance que j'ai placée en vous, en vous
« donnant un emploi de tant d'importance (2). »

Le choix que le roi avait fait d'Honorato Juan, fut uni-
versellement approuvé. Issu d'une famille ancienne et
distinguée, Juan, après avoir fait de brillantes études,
était allé à Louvain, où il avait suivi les leçons du savant
Vivès ; il passait pour un des hommes les plus instruits
de l'Espagne (3), et il joignait à un savoir prodigieux, le
caractère le plus élevé et des mœurs exemplaires.

Dès le mois d'août 1554, Juan donnait ses premières
leçons à l'enfant royal. Quelques temps après, il soumit
au roi, alors en Angleterre, le plan qu'il se proposait de
suivre, pour développer graduellement l'intelligence de
son élève. Philippe, en approuvant ce plan, engagea
Juan à mettre tout d'abord entre les mains de son élève
les auteurs les plus faciles, afin que les difficultés ne le

---

(1) « Mi hijo queda sin madre ; vos lo aveis de ser suya, tratad
mele como tal. »

(2) Lettre du 3 juillet 1554, apud Ath. Kircher. *Principis christiani archetypon politicum*, etc., 1672, in-4, p. 135.

(3) Alvaro Nuñez, cité par Kircher, p. 146.

rebutassent point et ne lui fissent pas prendre en dégoût l'étude (1).

De tels soins produisirent bientôt le fruit que le précepteur pouvait s'en promettre : l'infant montrait de l'application, il écoutait avec plaisir les leçons qu'on lui donnait, il en profitait. Il ne manquait pas d'ailleurs d'esprit naturel. On conçoit la joie de Philippe, en recevant des nouvelles aussi satisfaisantes (2). Malheureusement, cette ardeur de don Carlos pour l'étude ne se soutint pas.

Avant de continuer ce récit, qu'il nous soit permis de faire remarquer que Philippe II n'apparaît pas ici sous des traits antipathiques, loin de là. Epoux et père, il est à la hauteur de ses devoirs, et prévient tout d'abord en sa faveur; la suite des événements soutiendra-t-elle cette opinion? C'est ce que nous n'allons pas tarder à voir et à constater, appuyé sur le témoignage des auteurs espagnols, et, ce qui est peut-être plus précieux encore, sur celui des divers agents diplomatiques étrangers, attachés à la cour de Philippe II.

L'empereur Charles-Quint n'avait pas encore vu son

---

(1) « Lo queme parece sobre ello ès que por aora, à los principios, le deveys poner en los autores mas faciles, porque la dificultad nole espante, ò le haga aborrecer las letras. » (Lettre de Philippe II à Juan, le 6 mai 1555, ap. Kircher, p. 137.)

(2) Lettre de Philippe II à Juan, le 2 mai 1556, ap. Kircher, p. 138. « Por las nuevas que me dais de los estudios del principe mi hijo y de lo bien que aprovecha que no avia cosa que me pudiesse dar mayor contentamiento, que ver que del trabajo que tornays sale et fruto que yo desseo. »

petit-fils, et il était très-désireux de juger, par lui-même des espérances que pouvait donner l'enfant; ce moment arriva à l'époque où, sur le point d'abdiquer en faveur de Philippe II, le vieux souverain se rendit en Espagne. On est peu d'accord sur l'impression produite par don Carlos sur son aïeul. Charles-Quint aurait dit : « Il me « semble qu'il est très-turbulent ; ses manières et son « humeur ne me plaisent guère ; je ne sais ce qu'il « pourra devenir un jour (1). » Il l'aurait même repris sur le peu de respect et d'égards qu'il montrait à la princesse dona Juana, sa tante (2).

Don Carlos ne devait plus revoir son aïeul ; à partir de ce moment, une amélioration se fit remarquer dans ses études et dans les exercices de son âge, amélioration assez peu sensible toutefois, pour que son précepteur crût devoir encore engager le roi à lui adresser des observations à ce sujet (3). «A l'égard de ses études, « écrivait don Garcia de Tolède, en 1557, il est peu « avancé, parce qu'il étudie de mauvaise grâce. Il en est « de même des exercices de la gymnastique et de l'es- « crime (4).» La situation de don Carlos empirait si gravement, au point de vue moral, que la princesse dona Juana elle-même en écrivit à Charles-Quint : « Ce sera « un peu de fatigue pour Votre Majesté, lui dit-elle, que « d'avoir le prince, mais ce sera lui donner la vie : aussi,

---

(1) Manuscrit du chanoine Gonzalez, cité par M. Mignet, *Charles-Quint*, etc., p. 155.
(2) Cabrera, *Historia de Felipe II*, liv. II, chap. xi, p. 91.
(3) Lettre d'H. Juan au roi, du 2 août 1557, dans la *Coleccion de documentos ineditos*, etc., tome XXVI, p. 479.
(4) Archives de Simancas, *Estado*, leg. 119.

« je supplie Votre Majesté, d'ordonner qu'il s'y rende
« incontinent, car Votre Majesté ne saurait croire à quel
« point il importe qu'Elle nous fasse à tous cette
« grâce (1). »

« Des instances aussi pressantes, et les termes dans lesquelles elles sont exprimées, doivent faire supposer qu'il n'y avait pas à reprocher seulement à don Carlos un manque d'application, mais que des penchants vicieux, de graves défauts de caractère alarmaient ceux qui avaient mission de veiller sur sa jeunesse (2). »

Voici ce que l'ambassadeur vénitien Badoaro raconte des inclinations et du naturel du jeune prince : « Faible de complexion, il annonce un caractère cruel. Tout en lui dénote qu'il sera d'un orgueil sans égal, car il ne pouvait souffrir de rester longtemps en présence de son père ni de son aïeul, le bonnet à la main. Il est colère autant qu'un jeune homme peut l'être, et obstiné dans ses opinions (3)... »

Charles-Quint, à qui ses goûts et plus particulièrement encore ses infirmités graves commandaient un repos absolu, ne voulut pas se charger de prendre don Carlos auprès de lui, au monastère de Juste ; peu de temps après, il mourut (1558), et dès lors l'infant fut délivré du seul frein qu'il respectât ; ce fut un grand malheur pour lui que la mort de son aïeul. A partir de

---

(1) Lettre du 8 août 1558, dans la *Retraite et mort de Charles-Quint*, etc., tome II, p. 466.

(2) Gachard, *op. c. sup.*, p. 33.

(3) Relations des ambassadeurs vénitiens sur Charles-Quint et Philippe II, p. 63 et suiv.

cette époque, on remarqua qu'il s'abandonnait de plus en plus à ses penchants ; une lettre de Juan, adressée à Philippe II, pour lui seul, nous fournit là-dessus des renseignements précis (1). Le roi lui répondit de manière à le tranquilliser : « Je sais que vous avez de mon fils « tout le soin convenable ; je vous invite à continuer, « quoique le prince ne profite pas de vos leçons et de « vos avis autant qu'il le faudrait ; mais cela servira « toujours à quelque chose (2). »

Le 31 janvier 1560, Elisabeth de Valois épousait, à Guadalajara, Philippe II, sous les plus heureux auspices, de part et d'autre, au dire d'un témoin oculaire (3). »

Cependant don Carlos dépérissait de jour en jour, consumé par la fièvre qui le dévorait depuis plus de deux années déjà, malgré tous les moyens employés pour la combattre (4). Les médecins conseillèrent au roi de le faire changer d'air. Philippe, à qui il en coûtait sans doute d'éloigner de lui son fils, choisit Alcala de Henarès, distante de six à sept lieues de Madrid, qui lui avait été recommandée pour la bonté de son air. Revenu

---

(1) Coleccion de documentos ineditos, etc., tome XXVI, p. 398.

(2) « ... He entendido la salud del serenissimo principe mi hijo, y lo que passa en lo de su estudio, de que se que teneys el cuidado que conviene ; y assi os encargo lo hagays, aunque no salga tambien à ello como seria menester, que todavia approvechará... » (Lettre du 31 mars 1559, ap. Kircher, p. 140).

(3) Le secrétaire Courtewille, lettre du 2 février au président Viglius.

(4) Mémoire de l'évêque de Limoges pour Charles IX, du 5 septembre 1561.

bientôt à une meilleure santé, il y avait près de deux mois que don Carlos était sans fièvre, et son rétablissement faisait des progrès de plus en plus sensibles, lorsqu'un funeste accident vint non-seulement détruire les espérances qu'on en avait conçues, mais encore mettre en péril la vie du prince. Une chute dans un escalier lui fit une grave blessure à la tête (1). Le mal fut soigné légèrement ; les médecins espagnols de cette époque étaient de médiocres praticiens ; toute leur conduite, depuis l'origine jusqu'à la fin de la maladie occasionnée à don Carlos par sa chute, dénote leur peu d'expérience et d'habileté. La plaie que le prince avait à la tête commença d'offrir un aspect de plus en plus inquiétant : une première opération douloureuse et à peu près inutile empira l'état du malade.

« A la vue du danger que courait son fils, Philippe II ordonna que des prières publiques fussent dites journellement dans toute l'Espagne. Lui-même, il passa des heures entières à genoux, à prier et à demander à Dieu qu'il lui conservât son unique enfant (2). Il voulut présider à toutes les consultations des médecins, quoiqu'il y en eût qui ne durèrent pas moins de quatre heures (3). Pendant toute cette crise, le roi prodigua à son fils les soins les plus tendres, les attentions les plus affectueuses.

(1) Lettre de l'ambassadeur de Venise, Paolo Tiepolo, du 24 avril 1562.

(2) Gachard, p. 79. (Cf. Lettre de l'ambassadeur de Venise, du 16 mai. Relation jointe à une lettre écrite le 23 mai 1562, à la duchesse de Parme, par le secrétaire Courteville).

(3) Il y en eut quatorze auxquelles il assista. (Relation de Daza).

Le comte Annibal d'Emps, qui était présent, disait à l'ambassadeur de Florence, que voir le prince dans son lit, la pâleur de la mort sur le visage, avait été certes un sujet de grande compassion, mais que voir le roi servir incessamment son fils, les yeux remplis de larmes, avait été un spectacle à faire pleurer les pierres (1). Tous les serviteurs de don Carlos rivalisèrent de diligence et de sollicitude pour lui. »

L'Espagne entière s'associa à l'affliction de son roi. Partout, les églises se remplirent de gens qui venaient demander à Dieu, avec la plus grande ferveur, la guérison du prince.

Neuf médecins et chirurgiens étaient réunis autour du lit de don Carlos, ils avaient épuisé les ressources de leur art; tous leurs efforts étaient restés vains. L'état du malade s'aggrava à un tel point, que selon leur jugement unanime, il n'avait plus que trois ou quatre heures à vivre. Les ministres du roi lui conseillèrent de s'éloigner, pour n'être pas témoin d'un spectacle qui lui aurait déchiré le cœur. Philippe partit au milieu de la nuit, en proie à une douleur inexprimable, et souffrant lui-même de la fièvre, résultat des peines d'esprit et de corps qu'il venait d'endurer.

Après de longs débats, il fut décidé qu'on trépanerait le jeune prince, et l'opération eut lieu; le mieux qu'éprouva le malade fut assez notable pour que lui-même l'attribuât à un miracle du ciel.

Philippe II ne comptait plus revoir son fils ; aussi, aux premiers avis qui lui furent donnés de l'amélioration inespérée survenue dans l'état du prince, il craignit

(1) Lettre de l'ambassadeur de Florence, du 14 mai.

qu'elle ne fût qu'apparente. De nouvelles dépêches l'ayant rassuré tout à fait, il revint à Alcala. Peu de jours après, don Carlos était complètement guéri. La joie de Philippe II fut grande, lorsqu'il vit son fils entrer dans sa chambre, et il l'embrassa avec effusion.

Philippe II, dès son retour en Espagne, se proposait de convoquer les cortès d'Aragon, de Valence et de Catalogne ; une nouvelle maladie survenue à don Carlos l'empêcha de l'emmener avec lui. C'était une triste destinée que celle de ce prince : depuis six ans déjà, il se voyait en proie à un mal qui lui avait laissé à peine quelques instants de trêve et qui épuisait en lui les sources de la vie ; cependant il y eut encore un retour de santé, et c'est à ce moment que le baron Dietrichstein, ambassadeur d'Autriche, traçait de ce prince deux portraits, le premier sur des on-dit, le second en témoin oculaire des faits qu'il retrace.

« Son père ne l'emploie en rien, ce qui le chagrine vivement. Peut-être y a-t-il des raisons pour cela, car il est d'un caractère violent et irritable, et il se laisse quelquefois aller à de terribles colères. Ce qu'il a sur le cœur, il le dit sans déguisement, n'importe la personne qui pourrait en être blessée. Quand il a conçu du mécontentement contre quelqu'un, il n'en revient pas aisément. Il se montre opiniâtre dans ses idées et poursuit jusqu'au bout ce qu'il s'est proposé une fois : de façon qu'il y a bien des gens qui s'effraient de ce qu'il serait capable de faire, si la raison cessait de le maintenir dans la bonne voie (1)... »

(1) Koch, *Quellen zur Geschichte des Kaisers Maximilian* II, p. 127.

Don Carlos avait alors dix-huit ans.

Les ambassadeurs de Venise, dans leur portrait de ce prince, ajoutent à celui que vient de tracer l'ambassadeur d'Autriche et en renforcent les couleurs... « La figure de don Carlos est laide et désagréable... Lorsqu'il est passé de l'enfance à la puberté, on ne l'a vu prendre plaisir ni à l'étude, ni aux armes, ni à l'équitation, ni à d'autres choses vertueuses, honnêtes et plaisantes, mais seulement à faire mal à autrui... Il n'aime personne qu'on sache; mais il y a beaucoup de gens qu'il hait à mort. Il est enchanté de recevoir des présents et il les recherche; mais il n'en fait point aux autres. Dans tout il montre de la répugnance à être utile et une très-grande inclination à nuire. Ses paroles manquent de suite (2). »

Don Carlos allait accomplir sa dix-neuvième année. Le roi, son père, s'occupa de l'organisation de sa maison. Philippe II, plus d'une fois déjà, avait eu à se plaindre de l'esprit d'indépendance de son fils et du peu de déférence qu'il lui montrait (3); il lui parut important de placer auprès du prince quelqu'un qui lui fût tout dévoué. Il conféra à Ruy Gomez de Silva la charge que le décès de don Garcia de Tolède avait rendu vacante.

Ce fut vers ce temps que Brantôme passa par Madrid, revenant du Portugal. Il s'y fit présenter à la cour et le prince d'Espagne ne fut pas le personnage qu'il y observa le moins. « S'il eût vécu, il eut fait enrager son père, car

---

(1) Relation du 19 janvier 1563, aux Archives de Venise.

(2) Saint-Sulpice écrivait à sa cour, le 12 juin 1564, que don Carlos commençait à se montrer *assez à rebours au roi et à ce qu'il lui ordonnait.*

il était fort bizarre et tout plein de natretés (1). Il menaçait, il frappait, il injuriait : si bien que don Ruy Gomez, fort favori du roi d'Espagne, n'en pouvait jouir, et à toute heure il suppliait le roi de lui ôter cette charge et de la donner à un autre ; qu'il en serait très-aise... Et toujours ce prince (don Carlos) menaçait son gouverneur qu'un jour, quand il serait grand, il s'en repentirait. Quand à ses autres serviteurs et officiers, quand ils ne le servaient pas bien à son gré, il ne faut point demander comment il les étrillait (2). »

Quelles que fussent les imperfections physiques et morales de don Carlos, il n'y avait pas de princesse, en Europe, qui n'eût été disposée à donner sa main à l'héritier présomptif du plus puissant royaume de la chrétienté. Tour à tour Marguerite de Valois, Marie Stuart, l'archiduchesse Anne, la tante même de don Carlos, dona Juana, furent proposées au jeune prince ; on parla même de la reine Elisabeth d'Angleterre. Philippe II ne savait que répondre à ces ouvertures matrimoniales ; le caractère de son fils le préoccupait beaucoup, non sans raison.

C'est ici le lieu de donner le portrait de Philippe II, tel que l'a tracé M. Gachard avec un soin minutieux qui en garantit la parfaite ressemblance.

« Quoiqu'il fût d'une taille au-dessous de la moyenne, il régnait dans toute sa personne un air de majesté que rehaussait encore sa manière de se vêtir, à la fois élégante

---

(1) Ruses, détours.
(2) Brantôme, *Œuvres complètes*, édit. Buchon, 1838, tome I, p. 126 et 127.

et simple, car il ne portait que du drap de soie, à l'exclusion de l'or et de l'argent (1), son abord était grave, mais il recevait avec affabilité et il écoutait avec attention ceux qui avaient à l'entretenir (2). Jamais il ne se fâchait, quelque chose qu'on pût lui dire (3). Ses réponses étaient en général précises et gracieuses ; le plus souvent il les accompagnait d'un sourire aimable, mais il évitait de décider ou de s'engager sur les demandes qui lui étaient faites : il voulait prendre le loisir de les examiner et de les faire examiner par ses ministres. Il était réservé, surtout dans ses communications avec les ambassadeurs étrangers, qu'il invitait presque toujours à lui remettre des mémoires ou des notes sur les sujets dont ils venaient de l'entretenir (4).

« Quand il était à Madrid, il donnait audience à tous ceux qui la demandaient. En se rendant de sa chambre à la chapelle où, chaque matin, il entendait la messe, en sortant de la chapelle pour aller se mettre à table, enfin en retournant à sa chambre après son dîner, il recevait toutes les suppliques qu'on voulait lui présenter, et si

---

(1) Cabrera, livre V, chap. XVII, p. 275. — Relation de Giovanni Soranzo, de 1565, dans les *Relazioni degli ambasciatori veneti*, série I, tome V, p. 112. Relation d'Alberto Badoero, de 1578, *ibid.* p. 276.

(2) *Relazioni degli ambasciatori veneti*, etc., série I, tome V, passim.

(3) Relation de Federico Badoero, dans les *Relations des ambassadeurs vénitiens, sur Charles-Quint et Philippe* II, p. 38.

(4) *Relazioni degli ambasciatori veneti*, etc., série I, tome V, passim.

quelque personne témoignait le désir de lui adresser la parole, il s'arrêtait pour écouter ce qu'elle avait à lui dire (1).

« La délicatesse de sa complexion lui imposait plus d'un ménagement : il dormait beaucoup ; il était très-réglé dans sa manière de vivre, ne mangeait ni poisson ni fruits, dont son père faisait une consommation immodérée et se nourrissant des mets les plus substantiels(2). Le vendredi-saint était le seul jour de l'année où il ne fût pas servi de viande sur sa table ; les autres jours de jeûne prescrits par l'Eglise, il avait reçu du pape la permission d'en manger, pourvu qu'il le fît d'une seule espèce, telle que chapon, veau, bœuf ou mouton (3). Les vendredis, les samedis et les vigiles, il dînait toujours en particulier, pour ne pas donner un mauvais exemple (4). Sa tempérance était remarquable ; il vidait, deux fois ou deux fois et demie au plus à son repas, un verre de cristal, de médiocre grandeur (5).

« Il n'y avait personne, à sa cour, qui remplît plus ponctuellement que lui ses devoirs religieux. Il assistait

---

(1) Relations de Paolo Tiepolo, de Giovanni Soranzo, de Sigismondo Cavalli, dans le tome cité des *Relazioni*.

(2) Voyez les relations de Michele Suriano, de Paolo Tiepolo, de Giovanni Soranzo, de Sigismondo Cavalli, de Lorenzo Priuli, d'Alberto Badoero, dans les *Relazioni degli ambasciatori veneti*, série I, tomes III et V.

(3) Relations de Sigismondo Cavalli, p. 183.

(4) Il venerdi, sabato e le vigilie, per non dar cattivo esempio, sempre mangia ritirato. — Relation de Giovanni Soranzo, p. 112.

(5) Même relation, *ibid.* — Relation d'Alberto Badoero, *ibid.*, p. 276.

avec régularité aux offices divins et communiait quatre fois au moins par année. Il connaissait, aussi bien qu'un ecclésiastique même, les cérémonies de l'Eglise (1). En toute occasion il témoignait son respect de la religion et de ses ministres. Pendant qu'il tenait les Cortès de Monzon, il arriva un jour qu'allant à cheval de son palais au lieu où les Cortès étaient assemblées, il rencontra le Saint-Sacrement qu'on portait à un malade : il descendit aussitôt de cheval, accompagna le prêtre, son bonnet à la main, jusqu'à la maison où celui-ci était appelé, attendit à la porte qu'il eût rempli les devoirs de son ministère, et enfin reconduisit le Saint-Sacrement, toujours la tête découverte, à l'église d'où il avait été tiré (2).

« Ses passe-temps étaient des plus paisibles. Les fêtes, les spectacles, avaient peu d'attrait pour lui. Dans sa jeunesse, en Espagne et aux Pays-Bas, il avait quelquefois pris part à des joûtes et à des tournois, mais il l'avait fait moins par goût que pour l'opinion du monde (3). Ce qu'il aimait, c'était la campagne, la solitude. Aussi, bien souvent, il quittait à l'improviste Madrid, pour aller, tantôt au Pardo, tantôt à Aranjuez ou à l'Escurial, quand il eût fait bâtir ce somptueux monastère. Là, il ne s'entourait que d'un petit nombre de ses serviteurs, ne recevait les ambassadeurs étrangers que dans des occasions extraordinaires et pressantes et ne com-

---

(1) Relation de Paolo Tiepolo, p. 62. — Relation de Matteo Zane, de 1584, dans les *Relazioni*, etc., série I, tome V, p. 360.
(2) Relation de Giovanni Soranzo, p. 112.
(3) *Relations des ambassadeurs vénitiens*, etc., p. 39.
(4) *Papiers d'Etat du cardinal de Granvelle*, tome V, p. 491.

muniquait avec ses propres ministres que par écrit (1). On se tromperait pourtant, si l'on s'imaginait qu'il allât chercher, dans ces résidences, un repos absolu de l'esprit : loin de là, il y travaillait plus encore peut-être qu'en son palais de Madrid (2). »

On voit — pour nous servir d'un mot d'un grand politique, — qu'il y avait, dans Philipe II, l'étoffe de trois rois et d'un honnête homme ; un défaut capital, cependant, obscurcissait ses qualités, la timidité et, plus encore, l'indécision, qui fut la cause de bien des ennuis pour ce monarque et son entourage, et joua un rôle souvent fâcheux dans ses rapports, d'ailleurs très-difficiles et très-tendus, avec son fils don Carlos.

Philippe II ne pouvait voir avec indifférence, ni les excès de bouche que faisait son fils, et qui détruisaient sa santé, ni les extravagances et les brutalités auxquelles il se livrait, et qui compromettaient sa dignité autant que sa réputation. Il l'en reprenait fréquemment, et même avec sévérité. L'orgueil du prince se révoltait contre ces observations, qui étaient chaque fois une cause de nouvelle aigreur entre eux (3).

Don Carlos avait été destiné, dès son enfance, au gou-

---

(1) Relation de Paolo Tiepolo, p. 64. — Voyez aussi la relation de Sigismondo Cavalli, p. 182.

(2) Lettre de Fourquevaulx à Charles IX, du 30 novembre 1567 et Hopperus à Viglius, (lettre du 2 novembre 1569.) — Gachard tome I, p. 237-241.

(3) Lettre de Saint-Sulpice à Charles IX, du 9 septembre 1565. — Adriani, *Istoria de'suoi tempi*, tome V, p. 135, édit. de 1823.

vernement des Pays-Bas : pourquoi donc, disait-il, son père ne réalisait-il pas une intention qui était de notoriété publique en Europe ? Il s'en offensait et s'en plaignait avec amertume. Mais, comme l'explique très-judicieusement un agent diplomatique de cette époque : « C'est un jeune personnage sujet à sa tête, et facilement ferait-il telles choses entre les Italiens et les Flamands, dont l'un et l'autre (le roi et lui) se repentiraient (1). »

On ne s'étonnera pas que, dans les mauvaises dispositions où il était, don Carlos blâmât tout ce que faisait Philippe II (2) ; mais si l'on en croit Brantôme, il poussait plus loin encore l'oubli du respect qu'il devait à son père (3).

Le mécontentement que don Carlos avait du roi prenait, de jour en jour, le caractère d'une véritable aversion ; il s'étendait aux ministres et aux serviteurs de son père, à ceux surtout qu'il honorait particulièrement de sa faveur. On rapporte que, rencontrant au palais du président du conseil de Castille, don Diego d'Espinosa, qui avait mis obstacle à ce qu'un comédien, nommé Cisneros, donnât une représentation devant lui, il le saisit par le pan de sa robe, et, mettant la main à son poignard, lui dit avec colère : « Méchant petit prêtre, vous osez

---

(1) Lettre de Fourquevaulx à Catherine de Médicis, 21 novembre 1565.

(2) Lettre de Fourquevaulx à Catherine de Médicis, (3 novembre 1565.) Cf. Dietrichstein, lettre à l'empereur d'Autriche, (24 janvier 1566,) apud Koch, *Quellen*, etc. p. 151.

(3) Voyez Œuvres de Brantôme, etc., Paris, 1822, tome I, p. 321.

vous attaquer à moi, en empêchant Cisneros de venir me servir ! Par la vie de mon père, je vous tuerai. » On ajoute que, s'il ne se porta point aux dernières violences, ce fut parce que Espinosa lui demanda grâce à genoux (1). On peut juger de l'impression que produisit ce fait sur Philippe II.

Les propres officiers de don Carlos étaient, pour la plupart, mal vus de lui, par la seule raison que c'était le roi qui les lui avait donnés. On sait déjà comment il les traitait ; le témoignage de Brantôme à cet égard est corroboré par celui de l'ambassadeur de Florence, Leonardo de Nobili (2). Du reste, sa tante elle-même, la princesse dona Juana, avait souvent à se plaindre de ses procédés. Une seule personne à la cour se voyait l'objet de ses déférences et de ses hommages : c'était la reine (3).

« Les poètes et les romanciers — fait observer judicieusement M. Gachard (4), — ont transformé en une passion ardente le respect et la sympathie de don Carlos pour la reine sa belle-mère ; ils ont été plus loin : ils ont fait partager cette passion par Elisabeth, cette princesse si pure, cette épouse si chaste et si attachée à son mari. *Le roman et le théâtre n'ont rien de commun avec l'histoire.*

---

(1) Cabrera, livre VII, chap. XXII, p. 469.
(2) Odia tutti li servitori che le ha dado suo padre, e in ogni poca d'occasione da loro e pugni e minaccia di pregnalarli. — (Lettre de Nobili au duc de Cosme de Médicis, du 24 juillet 1567.)
(3) Lettre de Fourquevaulx à Catherine de Médicis, du 3 novembre 1565. Cf. encore une lettre du même personnage, du 12 septembre 1567.
(4) Tome I, p. 274 et 275.

Don Carlos était aussi peu fait pour éprouver de l'amour que pour en inspirer. »

La mésintelligence qui régnait entre le prince et le roi n'était un mystère, à Madrid, ni pour les courtisans ni pour les ambassadeurs étrangers. Le peu d'amis qu'avait don Carlos s'en affligeaient ; la reine douairière de Portugal, Catherine d'Autriche, son aïeule, n'était pas celle qui s'en inquiétait le moins ; elle essaya de le ramener à une conduite plus digne de lui et à de meilleurs sentiments pour son père (1). Son ancien précepteur, l'évêque d'Osma, y employait aussi tout son zèle et tout ce qu'il avait d'influence sur l'esprit de son élève. Don Carlos, si dur pour tant d'autres, avait toujours honoré, respecté, aimé son maître qui, de son côté, avait un sincère attachement pour son élève, quoiqu'il ne se dissimulât ni ses défauts ni ses torts. Obligé de quitter la cour, au commencement de 1566, pour aller dans l'Estramadure respirer un air plus favorable à sa santé, il voulut faire entendre encore une fois au prince le langage de la raison et du devoir. Il lui écrivit une lettre très-remarquable, qui servira à faire apprécier en même temps et le maître et le disciple, et que voici dans ses parties essentielles :

« La prière que j'adresse à Votre Altesse est de se
« ressouvenir de trois choses que je lui ai souvent mises
« devant les yeux.

« La première est l'amour et la crainte de Dieu, avec
« ce qui en dépend, et qui consiste à tenir grand compte

---

(1) Voyez l'extrait d'une de ses lettres dans Kircher, *Principis christiani archetypon*, p. 184.

« de ses commandements, à les observer aussi bien in-
« térieurement qu'extérieurement, pour le bon exemple
« que Votre Altesse est obligée de donner à tout le
« monde....

« La seconde chose, après ce qui touche Dieu, est que
« Votre Altesse obéisse à son père, le servant, le satis-
« faisant en tout ce qu'il vous ordonnera et que vous
« saurez qu'il désire pour votre propre bien et avan-
« tage.... De cette façon, Votre Altesse aura pour elle le
« public, qui naturellement voit avec satisfaction les en-
« fants respecter leurs parents et leur obéir. Et elle doit
« tenir pour très-certain, comme ce l'est, que tous les au-
« tres chemins sont dangereux et trompeurs, et qu'ils
« conduisent à des embarras réels, sans aucun avantage,
« parce que Dieu le permet ainsi.

« La troisième chose est que Votre Altesse s'applique
« en tout temps à traiter ses serviteurs, en faits et en
« paroles, avec amour et douceur. Comme je l'ai dit plus
« d'une fois à Votre Altesse, c'est là une des choses qui
« d'ordinaire donnent et peuvent donner le plus de lustre
« à un prince, qui ont le plus de retentissement, non-
« seulement dans son propre pays, mais encore chez les
« nations étrangères, et qui servent le mieux à faire connaî-
« tre son caractère et son inclination : car, il y a lieu de pré-
« sumer que tel il est avec ce petit nombre de gens qu'il
« voit habituellement, tel il sera avec tout le monde, et
« que s'il traite mal ceux qui le servent nuit et jour, il
« sera peu disposé à traiter bien ceux qui à peine pour-
« ront l'approcher, loin de pouvoir le servir.

« Votre Altesse doit observer la même conduite envers
« les serviteurs et les ministres de son père : on juge

« habituellement que le fils est d'autant plus ami du père
« et désire d'autant plus le contenter, qu'on le voit mon-
« trer de l'affection à ceux que le père aime et honore.

« Ce que je dis des serviteurs et des ministres, je
« l'applique également à tous les autres, puisque Votre
« Altesse doit être le père de tous, après les longs et
« bienheureux jours du roi, notre seigneur. Que Votre
« Altesse accueille donc ceux qui viennent la voir et la ser-
« vir ; qu'elle les écoute avec bienveillance ; s'ils la sup-
« plient de demander pour eux quelque chose à son père,
« que, sans s'engager trop, elle leur promette d'en parler
« à Sa Majesté, et qu'elle lui parle en effet, la sollicitant
« de les favoriser en ce qui sera juste et possible ; enfin
« qu'elle leur dise peu de paroles, mais distinctes et
« claires, sans leur faire de questions étrangères à l'objet
« dont il l'auront entretenue, ni les obliger à des réponses
« difficiles et dont ils seront aises de pouvoir se dis-
« penser.

« Surtout, je supplie Votre Altesse d'avoir une très-
« grande attention à n'offenser qui que ce soit, en par-
« ticulier ni en général : car, ainsi que je lui ai dit sou-
« vent, c'est là pour les rois une chose dangereuse et
« qui peut avoir les plus fâcheuses conséquences, en
« leur faisant perdre l'amour de leurs sujets, comme des
« exemples notables l'ont prouvé. Il est clair, en effet,
« que de pareilles offenses ne se prennent de personne
« plus mal que des princes, par la raison que chacun
« désire être honoré d'eux et obtenir leur faveur et que
« ceux qui reçoivent cette injure, ne pouvant s'en venger
« par une injure semblable ou par d'autres, la ressentent
« d'autant plus vivement.

« Pour prévenir cet inconvénient, j'ai toujours trouvé
« avantageux de ne pas s'enquérir de la vie des autres
« ni de chercher à savoir les fautes commises par eux :
« l'expérience nous apprend que de cette curiosité naît
« un autre mal, car celui qui ne fait pas de questions ne
« connaît pas tant de particularités, et, ne les connais-
« sant pas, n'a pas tant à dire ni tant d'occasions d'offen-
« ser. Il arrive ordinairement aussi que cela ne reste pas
« secret ; il en résulte alors des troubles sérieux dans la
« maison même du prince et dans son royaume, et à la
« fin, il perd tout crédit auprès des gens, qui, n'osant
« plus se fier à lui, ne lui disent pas ce qu'il lui importe
« de savoir. Or, c'est là une perte qui est grande pour tous ;
« mais, pour les princes, elle est d'une portée incalcu-
« lable.

« Je sais bien que j'aurais pu me dispenser de dire tout
« cela à Votre Altesse.... puisque surtout je l'ai déjà dif-
« férentes fois entretenue moi-même de cet objet : mais
« il me resterait des scrupules, si je ne l'en entretenais
« de nouveau en ce moment...

« Que Dieu garde Votre Altesse...

« H. JUAN. » (1).

Ces conseils, si paternels et si sages, ne firent en rien réformer à don Carlos sa conduite et son caractère ; peu de temps après, le jeune prince donnait à son père un

(1) Cette lettre est dans Kircher, p. 186.

nouveau sujet de légitime et grave mécontentement. Philippe s'était enfermé avec plusieurs de ses ministres, pour délibérer sur des affaires d'importance. Don Carlos, curieux de connaître ce dont ils parlaient, appliqua son oreille à la porte de la chambre où ils étaient réunis. Il se trouvait là exposé à la vue des dames de la reine, qui étaient dans les appartements supérieurs, et des pages qui étaient en bas. Don Diego de Acuña, l'un de ses gentils hommes, lui en fit l'observation ; il lui dit aussi que le roi pourrait sortir subitement et qu'il s'étonnerait de le trouver en cet endroit. Don Carlos en voulait depuis longtemps à Acuña ; il prit mal ses paroles ; il s'oublia même jusqu'à le frapper du poing. Le roi, qui le sut, réprimanda vertement son fils (1).

Les cortès de Castille avaient été convoquées (1er décembre 1566), Philippe II en fit l'ouverture le 11 décembre au palais de Madrid, puis, après la session qui fut très-courte le 22 décembre, le roi quitta sa capitale pour aller passer les fêtes de Noël à l'Escurial. Don Carlos, profitant de son éloignement, se fit ouvrir la salle du palais où les Cortès étaient encore réunies, et il leur adressa, d'un ton courroucé, les paroles suivantes : « Vous devez savoir que
« mon père a le dessein d'aller en Flandre, et que j'entends
« de toute manière y aller avec lui. Aux dernières cortès
« (1563), vous eûtes la témérité de supplier mon père
« qu'il me mariât avec la princesse ma tante. Je trouve
« fort singulier que vous vous mêliez de mon mariage,
« qui ne vous regarde pas, et ne sais pourquoi vous pré-

(1) Lettre d'Alonso de Laloo au comte de Hornes, le 3 août 1566, dans *Montigny's leven en dood*. Bylage, p. 18.

« tendez que mon père me marie plutôt avec l'une qu'avec
« l'autre. Je ne voudrais pas que la fantaisie vous vînt
« maintenant de commettre une nouvelle témérité, en sup-
« pliant mon père de me laisser en Espagne. Je vous en-
« gage à ne pas faire cette demande : car les députés qui
« la feraient pourraient me tenir pour leur ennemi capital,
« et j'emploierai tous mes moyens à les détruire. » Cela
dit, il tourna le dos aux cortès et sortit de la salle, les
laissant stupéfaits d'une apostrophe aussi inattendue et
aussi véhémente (1).

Quoique don Carlos eût défendu aux membres des
cortès de divulguer les paroles qu'il leur avait dites, elles
transpirèrent bientôt dans le public, et le roi, aux oreilles
de qui elles parvinrent, en conçut un extrême mécontentement. Mais le jeune prince se souciait peu du blâme
dont sa conduite était l'objet; il semblait, au contraire,
prendre à tâche de le provoquer. C'est ainsi qu'il continuait ses emportements et ses violences envers les personnes attachées à sa maison, sans épargner plus celles
qui y occupaient des charges principales que les officiers
d'un rang inférieur. Il avait eu longtemps une grande
prédilection pour Juan Estavez de Lobon, son garde-
joyaux ; un jour (1567), pour une raison qui n'est pas bien
connue, il entra tout à coup en fureur contre lui, voulut le
jeter par la fenêtre, le traita de coquin, de voleur et le
chassa de son service (2). A quelque temps de là, il donna
un soufflet à don Alonso de Cordoba, gentilhomme de sa
chambre, en lui disant qu'il y avait plus de six mois qu'il

(1) Cs. Gachard, tome II, p. 390-392, note 2.
(2) *Coleccion de documentos ineditos*, etc., tome XXVII, p. 130
et suiv.

en avait envie, et cela sous prétexte de certaines paroles de don Alonso qui lui avaient déplu (1). Une autre fois il menaça de son poignard don Fedrique Enriquez, son majordome (2).

« En présence de ces faits bien constatés, et lorsque nous voyons figurer, dans les comptes des dépenses de don Carlos, des indemnités payées à des personnes dont les enfants avaient été battus par ses ordres (3), nous ne trouvons rien d'invraisemblable — dit M. Gachard (4), — à ce que raconte Cabrera, qu'un peu d'eau lui étant tombé sur la tête de la fenêtre d'une maison devant laquelle il passait, il commanda qu'on brulât la maison et qu'on en mît à mort les habitants ; cet historien ajoute qu'il fallut imaginer l'entrée du saint viatique au moment où l'on allait exécuter sa volonté, pour se justifier auprès de lui de ne l'avoir point fait (5). »

Le caractère violent et cruel de don Carlos se manifestait jusque envers les animaux. Il s'enferma un jour, pendant cinq heures, dans ses écuries, et, lorsqu'il en sortit, une vingtaine de chevaux étaient en l'état le plus déplorable, par suite des mauvais traitements qu'il leur avait fait subir. Son père avait un cheval qui lui plaisait, au point qu'on l'appelait « le Favori » ; don Carlos demanda au grand écuyer de le voir, jurant qu'il ne lui ferait aucun

---

(1) Leonardo de Nobili, lettre du 24 juillet 1567, au duc Côme de Médicis.
(2) Lettre de Nobili, même date.
(3) Archives de Simancas, *Contadurias generales,* leg. 1110.
(4) Tome II, p. 395 et 396.
(5) Liv. VII, chap. xxii, p. 470.

mal. L'officier céda à son désir : il traita ce cheval de façon que la pauvre bête mourut peu de jours après.

La scène faite par don Carlos aux représentants de la nation, ses démêlés notoires avec le roi, sa conduite brutale envers les officiers de sa maison, les actes de violence auxquels trop souvent il se laissait aller, — tout cela était commenté à Madrid d'une manière très-fâcheuse pour lui.

Cependant les avertissements et les réprimandes sévères, sous une forme respectueuse, ne manquaient pas à l'ingouvernable prince ; après la belle lettre de l'évêque d'Osma, voici celle que lui adressait, avec non moins d'éloquence et d'affection sincère et dévouée, le docteur Suarez, un serviteur profondément affectionné ; déjà, après ce qui s'était passé aux Cortès, il lui avait écrit pour lui faire des représentations, s'efforçant de le détourner, par de nombreuses et de solides raisons d'un chemin qui devait être celui de sa perte et de sa ruine (1). En apprenant les bruits fâcheux qui circulaient de plus en plus sur son compte, il crut qu'il ne lui était pas permis de garder le silence ; il lui adressa une seconde lettre plus forte, plus pathétique que la première.

« Je dois aimer Votre Altesse... Par ce motif, je ne
» cesse de m'inquiéter des soucis que doit nécessaire-
» ment avoir Votre Altesse, en songeant à l'état si
» périlleux où sont ses affaires, d'après ce qu'on en rap-
» porte ; et je souhaite ardemment qu'Elle finisse par

---

(1) M. de Castro, *Historia de los protestantes espanoles*, p. 377, cite cette lettre d'après un manuscrit existant à la bibliothèque de l'archevêché de Tolède.

» comprendre qu'elles ont empiré au point que moi, qui
» désirerais tant les voir prospérer, je crains qu'elles
» n'aient la pire issue dont on puisse se faire une
» idée (1).....

« Votre Altesse a commencé de faire quelque chose
» du plus mauvais exemple et du plus déplorable effet,
» en ne se confessant pas. Que peut-il en résulter qui ne
» soit très-fâcheux pour elle ? Votre Altesse doit parfai-
» tement concevoir qu'en se faisant l'ennemi de son père
» et en lui désobéissant, Elle agit mal ; que, en outre
» elle offense Dieu. Et comment veut-elle ainsi que
» quelqu'un des plans qu'elle a formés lui réussisse ?
» C'est ce qui frappe tout le monde ; et Votre Altesse
» elle-même montre qu'Elle en est frappée autant que
» personne. Il y a plus : elle le reconnaît en ne se confes-
» sant point, car si le cas ne lui paraissait pas si mau-
» vais qu'il ne souffre ni confession ni communion, elle
» ne se tiendrait pas éloignée de la sainte table..... »

Suarez avait souvent demandé au prince sur quoi il
se fondait pour espérer qu'en désobéissant au roi et en
agissant contre son gré il parviendrait à ses fins ; il le
lui demandait encore. De tels moyens, s'il en avait, ne
pouvaient qu'être en opposition avec les préceptes de Dieu
et contraires à toute bonté ; s'il n'en avait pas, il fourni-
rait un prétexte à ses ennemis de le taxer de folie et d'in-
capacité. Suarez en venait alors aux actes qui avaient, en

---

(1) Cette lettre, datée du 18 mars 1567, a été publiée dans *El
bibliotecario y el trovador espanol, coleccion de documentos
interesantes sobre nuestra historia nacional*, etc. (Madrid, San-
cha, 1841, in-fol.,) tome II, p. 21.

dernier lieu, excité l'animadversion publique. Il lui réitérait le conseil de se tourner vers Dieu et vers son père ; il l'engageait à se mettre en rapport avec des hommes sages et sincères, qui l'éclaireraient sur la conduite qu'il devait tenir.

Cette lettre, non moins hardie que respectueuse, ne fit modifier en rien à don Carlos ses sentiments non plus que ses actions.

Philippe II allait partir pour les Pays-Bas, où de graves événements réclamaient impérieusement sa présence ; le duc d'Albe — qui accompagnait le roi, — alla prendre congé du fils de son maître. Don Carlos avait vu avec un extrême déplaisir la nomination du duc comme lieutenant du roi (1) ; dès qu'il l'aperçut, il entra en colère, lui dit que c'était à lui, don Carlos, de partir pour les Pays-Bas, et le menaça de le tuer, s'il prétendait faire ce voyage. Le duc lui représenta que la vie de l'héritier présomptif de la couronne était trop précieuse pour qu'on l'exposât dans une pareille entreprise ; que le roi l'envoyait aux Pays-Bas afin que ces provinces fussent pacifiées, quand Sa Majesté s'y transporterait ; qu'alors Son Altesse pourrait y accompagner son père, si elle n'était pas nécessaire au gouvernement de l'Espagne ; que lui-même il supplierait le roi de donner satisfaction aux vœux du prince et à ceux de l'empereur, son oncle, à cet égard ; enfin qu'il ferait tout ce qui serait en son pouvoir pour lui complaire et le servir. Ce langage respectueux ne toucha point don Carlos, qui tira son poignard : « Vous

---

(1) Lettre de Dietrichstein à Maximilien II, des 2 et 8 janvier 1567, dans *Quellen*, etc., p. 177.

» n'irez pas en Flandre, lui cria-t-il, ou je vous tue. » Le duc lui saisit le bras de manière à l'empêcher d'exécuter son dessein. Mais bientôt après, il se lança avec une nouvelle furie contre le duc pour le frapper de son arme. Le duc le retint de nouveau, jusqu'au moment où, un gentilhomme de la chambre étant entré, don Carlos se retira (1).

On conçoit l'impression que produisit sur Philippe II cette nouvelle incartade de son fils. Soit qu'il voulût pourtant user de dissimulation avec lui, dans la crainte d'inconvénients plus graves auxquels il n'aurait pu remédier, soit qu'il tînt à s'assurer si les choses désordonnées que faisait le prince procédaient, ou d'une ardeur excessive de jeunesse, ou du désir de dominer, ou d'un manque de jugement, il prit plusieurs mesures qui devaient être particulièrement agréables à don Carlos ; il lui confia la présidence des conseils d'Etat et de guerre ; il lui donna le pouvoir de disposer sur certaines affaires de gouvernement ; il éleva à cent mille ducats sa dotation, qui n'était que de soixante mille. Indépendamment de tout cela, il lui fit la promesse formelle de l'emmener aux Pays-Bas (2).

Pendant quelque temps, de meilleurs rapports existèrent entre don Carlos et son père. Mais ces bonnes dispositions furent de courte durée ; bientôt on reconnut que don Carlos apportait la confusion dans les séances

---

(1) Cabrera, liv. VII, ch. XIII, p. 442. Cf. Koch, *Quellen*, etc., p. 204, la lettre de Dietrichstein, du 21 janvier 1568, à l'empereur.

(2) Lettre de Fourquevaulx à Charles IX, du 21 mai 1567.

du conseil ; qu'il faisait un déplorable usage de l'autorité qui lui avait été confiée ; qu'il s'épuisait en folles dépenses. Le roi alors revint sur plusieurs des choses auxquelles il s'était prêté en sa faveur. L'antipathie qu'il y avait entre le fils et le père s'en augmenta (1).

A partir de cette époque, le jeune prince prit l'habitude de courir la nuit les mauvais lieux, armé d'une arquebuse et commettant toute sorte d'insolences. Le fait est attesté par les ambassadeurs de Florence et de Venise (2). Rien de tout cela n'échappait à la connaissance du roi, et le mécontentement qu'il avait déjà de son fils s'en augmentait de plus en plus. Ce qui le choquait encore au dernier point, c'étaient les prodigalités de don Carlos et l'absence d'ordre et de règle dans ses dépenses ; le prince perdait beaucoup d'argent dans des gageures fréquemment répétées (3); il achetait à tout prix ce qu'il lui prenait fantaisie d'avoir.

Cependant Philippe II ne partit point pour les Pays-Bas, à cause de l'embarras que lui causait son fils : appréhendant, à un égal degré, de le laisser en Espagne comme gouverneur de ses royaumes, ou de l'emmener aux Pays-Bas, dont il serait forcé de lui confier aussi le gouvernement.

La résolution du roi renversait toutes les espérances,

---

(1) Lettre de Sigismondo Cavalli au doge de Venise, du 11 février 1568.

(2) Apud Gachard, tome II, p. 420, note 1.

(3) Voyez, dans le tome XXVII de la *Coleccion de documentos ineditos*, etc., p. 81 et suiv., les extraits des comptes des dépenses de la maison de don Carlos.

tous les projets de don Carlos. Il voyait son mariage avec la princesse Anne ajourné pour un temps indéfini, sinon rompu ; l'établissement dont il s'était flatté dans les Pays-Bas lui échappait ; il était contraint de demeurer à Madrid sous les yeux et sous l'autorité de son père qu'il ne pouvait souffrir. Sa haine contre le roi en redoubla (1). Plusieurs fois déjà l'idée lui était venue de s'enfuir d'Espagne ; il l'embrassa, dès ce moment, avec ardeur, et ne cessa plus d'en poursuivre la réalisation. Le plan auquel il s'arrêta fut de passer en Italie, d'où il se rendrait, selon les circonstances, soit aux Pays-Bas, soit à la cour de l'empereur (2). Une telle entreprise exigeait des moyens d'exécution préparés de longue main et en grand secret ; elle exigeait surtout des amis dévoués. Don Carlos était trop dur envers ceux qui l'approchaient pour avoir des amis, et les moyens auxquels il eut recours devaient nécessairement éveiller l'attention et les soupçons de son père.

Ce fut à cette époque et dans ces circonstances qu'il crut devoir s'entourer de précautions extraordinaires pour la sûreté de sa personne. Il ne se couchait plus sans avoir des armes sous son chevet, outre des arquebuses, de la poudre et des balles qui étaient placées en réserve dans sa garde-robe. Pour l'exécution de son plan, don

---

(1) Lettre de Fourquevaulx à Catherine de Médicis, du 12 septembre 1567. Voyez aussi, dans Gachard, tome II, appendice B, la lettre de Fourquevaulx à Charles IX, du 19 janvier 1568.

(2) Lettre de Fourquevaulx à Catherine de Médicis, du 21 août 1567, et Marcantonio Sauli, au doge de Gênes, le 25 janvier 1568. (Gachard, tome II, appendice B.)

Carlos avait besoin de beaucoup d'argent, et il n'en possédait pas. A Madrid, il ne pouvait guère espérer d'en obtenir ; son crédit y était ruiné. Cependant Philippe II partit pour l'Escurial ; il ne devait pas revenir avant quinze jours. Don Carlos avait apparemment compté sur l'absence de son père ; il se mit en mesure d'en profiter. Il écrivit à plusieurs des grands qu'il désirait les avoir avec lui dans un voyage d'importance et qu'ils eussent en conséquence à se tenir prêts à l'accompagner. Les uns lui firent une réponse conforme à ses vues ; d'autres répondirent qu'ils étaient à ses ordres pour toute chose qui ne serait pas contraire à la religion et au service du souverain ; d'autres enfin envoyèrent sa lettre au roi. Philippe II se montra aussi satisfait des derniers que mécontent des autres. Don Carlos prépara et signa aussi des lettres qui devaient être envoyées à leur destination, dès qu'il serait parti ; il y en avait pour le roi, pour le pape, pour l'empereur, et en somme pour tous les princes chrétiens. Sa lettre au roi contenait un exposé des griefs qu'il avait contre son père ; il la terminait en disant qu'il quittait l'Espagne, parce qu'il lui était impossible de supporter plus longtemps les injures que le roi lui faisait.

Ce fut don Juan d'Autriche, que Don Carlos voulait entraîner dans sa fuite, qui révéla à Philippe II le projet insensé de son fils ; ce récit causa au roi une irritation extrême. D'après les informations qui lui étaient parvenues d'ailleurs, il soupçonnait bien que quelque dessein étrange roulait dans la tête de son fils ; mais il n'aurait pas cru que les vues du prince tendissent à une révolte ouverte contre lui et à la subversion de l'Etat. Au point où en étaient les choses, ou il lui fallait faire des concessions au prince pour le ramener, ou il fallait, par des mesures énergiques et promptes, arrêter l'exécution d'un dessein qui pouvait avoir des conséquences incalculables pour la monarchie. Philippe n'était peut-être pas fixé encore sur le parti auquel il s'arrêterait, lorsqu'un nouvel incident vint ajouter un grief de plus à tous ceux qu'il avait déjà, à si juste titre, contre son fils.

Le 27 décembre, dans la soirée, don Carlos se rendit au monastère royal de Saint-Jérôme, situé hors des portes de Madrid, pour se confesser et se mettre ainsi en état de gagner le jubilé. Ayant déclaré, en confession, qu'il portait une haine mortelle à quelqu'un, le religieux à qui il s'était adressé refusa de l'absoudre. Don Carlos insista : « Mon père, déterminez-vous vite, dit-il au moine. — Que Votre Altesse, repartit celui-ci, consulte des théologiens. » Don Carlos envoya chercher des religieux du monastère d'Atocha ; il en vint quatorze. Il fit appeler aussi un père Augustin et un religieux Trinitaire. Il disputa avec eux tous, prétendant toujours que l'absolution lui fût donnée, nonobstant la haine qu'il avait au cœur. Comme il ne put parvenir à les convaincre, il demanda qu'on lui donnât une hostie non consacrée, afin que le peuple le vît communier. Tous les religieux se récrièrent, car ce n'était rien moins qu'un sacrilége qu'il voulait leur faire commettre. Don Carlos finit par déclarer que c'était son père auquel il portait une haine si violente, et il se retira sans avoir reçu l'absolution (1).

(1) Relacion del ayuda de càmara. — Lettre de l'archevêque de Rossano, du 4 février 1568. — Lettre de Fourquevaulx à Charles IX,

Le roi fut immédiatement informé de ce qui venait de se passer (1). Vingt jours s'écoulèrent encore avant que Philippe II revint à Madrid... Plus d'une fois déjà, depuis que le roi vivait en dissension avec son fils, il avait été question d'enfermer don Carlos (2). Dans les réunions du conseil intime que tint le roi avec ses ministres, l'emprisonnement du prince fut sans aucun doute résolu, ainsi que la manière dont il y serait procédé, afin qu'il se fît sans résistance et sans éclat.

Cependant le jeune prince poursuivait de plus en plus son plan d'évasion, déjà bien ébruité; il perdit la tête, et, mandé par son père, il se dit malade et se mit au lit. Dès que Philippe II sut son fils retiré dans sa chambre, il disposa tout pour l'exécution du plan qu'il avait arrêté (3). A onze heures du soir, il manda Ruy Gomez, le duc de Feria, le prieur don Antonio et Luis Quijada. Après leur avoir parlé *comme jamais nul homme ne parla*, dit un document, il descendit avec eux et deux des gentilshommes de sa chambre à l'appartement du prince; deux aides de chambre, auxquels il avait donné l'ordre de se

du 19 janvier 1568. — Lettre de Sigismondo Cavalli, du 11 février 1568.

(1) Relacion del ayuda de càmara.

(2) Lettre de Fourquevaulx à Charles IX, du 21 août 1567, et à Catherine de Médicis, du 5 février 1568. — Suivant la lettre de l'ambassadeur de Venise, du 11 février 1568, l'évêque de Cuença lui avait dit que le roi pensait, depuis plus de trois ans, à faire enfermer son fils : « Che era più di tre anni che S. C. M. stava conquesto pensiero. »

(3) Cs. Gachard, tome II, appendice B.

munir de marteaux et de clous, le suivaient. On avait avec adresse et sans que don Carlos s'en doutât, arrêté le mouvement des poulies à l'aide desquelles se fermait en dedans la porte de la chambre du prince ; le roi et ses ministres n'eurent donc aucune peine à y pénétrer. On se saisit d'une épée, d'un poignard et d'une arquebuse chargée que don Carlos tenait au chevet de son lit. Eveillé en sursaut, le prince s'étonna de ce qui se passait en ce moment ; le roi se montra. « Qu'est ceci ? dit le prince. Votre Majesté veut-elle me tuer ? » Le roi l'engagea à rentrer dans son lit et à se calmer, lui disant qu'il connaîtrait bientôt sa volonté, qu'il ne s'agissait pas de lui faire du mal. Il commanda aux deux aides de clouer, de manière qu'elles ne pussent plus s'ouvrir, les fenêtres de la chambre qu'occupait le prince ; il fit enlever les armes et toutes les pièces en fer qui s'y trouvaient. Il attachait le plus grand prix à la saisie des papiers de son fils ; on y trouva, outre les lettres ci-dessus mentionnées, et un écrit contenant une espèce de programme de la conduite qu'il se proposait de tenir, après son départ de la cour, une liste où le trop imprudent don Carlos avait inscrit de sa main, d'un côté, les noms de ses amis, de l'autre, ceux qu'il voulait, comme ses ennemis, persécuter jusqu'à la mort (1). En tête de ces derniers, était le roi.

Rien ne saurait peindre le désespoir qui s'empara de don Carlos, quand il vit qu'il allait être privé de sa liberté. « Si Votre Majesté ne me tue pas, dit-il au roi,

---

(1) « Li quali diceva di havere a perseguitare sempre fino alla morte. »

je me tuerai moi-même, » et on raconte qu'il voulut se jeter dans le feu de la cheminée qui était ardent, et qu'il en fut empêché par le prieur don Antonio. Le roi lui répondit : « Si vous vous tuiez, ce serait l'acte d'un fou. — Je ne suis pas fou, répliqua don Carlos ; je suis désespéré par les mauvais traitements de Votre Majesté envers moi. » Et comme il reprochait à son père sa tyrannie et sa dureté : « Ce n'est plus en père que je vous traiterai désormais, — lui dit Philipe, — c'est en roi. (1) »

A partir de ce moment et par ordre exprès du roi, don Carlos fut gardé à vue dans son appartement, dont on ne devait pas lui laisser franchir le seuil, sous aucun prétexte.

Cependant Philippe II n'était pas sans inquiétude sur l'effet que produirait non-seulement en Espagne, mais en Europe, la nouvelle de l'arrestation de son fils. Il était certainement dans son droit de roi et de père, et la justice lui avait dicté sa conduite en toute cette lamentable affaire. C'est avec raison que les ambassadeurs qui résidaient à Madrid, en rendant compte à leurs cours de l'événement dont on vient de lire le récit, admirèrent la tranquillité d'esprit, la constance que le roi avait montrées dans une occasion où tout autre aurait été plein de trouble (2). Or, la contenance de Philippe II ne peut

---

(1) Lettre de Fourquevaulx à Catherine de Médicis, du 19 janvier.

(2) « E tutto con molta quietudine d'animo e grandissima costanza, cosa certo miracolosa a chi la vide. » — Nobili, lettre du 25 janvier. « Et con una quiete et compositura d'animo grande, con poche parole, levò l'armi del detto principe. » Etc. — L'archevêque

être attribuée qu'à la fermeté d'âme que l'homme juste puise dans l'accomplissement du devoir.

Le roi manda ses différents conseils et il leur annonça qu'il avait été forcé, pour le service de Dieu et dans l'intérêt de ses peuples, d'ordonner la réclusion de son fils. Il n'entra alors dans aucun détail, se réservant, leur déclara-t-il, de s'en expliquer une autre fois (1). Des larmes lui coulaient des yeux, lorsqu'il leur fit cette communication (2). En effet, quelle douleur pour un roi et pour un père de trouver dans l'héritier du trône, dans son propre fils, un rebelle de la pire et de la plus dangereuse espèce !

Philippe II s'est trop bien peint dans les lettres qu'il adressa à divers souverains de sa famille, et ces lettres jettent une assez vive lumière sur les motifs qui le poussèrent à ordonner la réclusion de don Carlos, pour que nous ne les reproduisions pas, au moins dans leurs parties essentielles.

Il écrivait à sa tante Catherine d'Autriche : « Quoique, « depuis longtemps, la conduite du prince mon fils, selon

---

de Rossano, lettre du 24 janvier. Voyez aussi Gachard, tome II, appendice B.

(1) Lettre d'Hopperus à Viglius, du 19 janvier, p. 154. J. Hopperi, *Epistolæ*. — Lettres de Nobili, des 21 et 25 janvier. — Lettre de l'ambassadeur Cavalli au doge de Venise, du 22 janvier. (Ap. Gachard, tome II, appendice B.) — Lettre de l'archevêque de Rossano, du 24 janvier. — *Relacion del ayuda de cámara*, dans Gachard, tome II, appendice B, — etc., *ibid*.

(2) *Relacion del ayuda de cámara* et *Aviso d'un Italiano*, apud Gachard, tome II, appendice B.

« que l'attestent de nombreux et d'imposants témoigna-
« ges, eut fait reconnaître la nécessité indispensable
« de le réprimer, l'amour paternel et la considération et
« justification qui doivent précéder de telles mesures
« m'ont retenu, et j'ai cherché et employé tous les au-
« tres moyens, remèdes et voies possibles, afin de n'en
« pas venir là. Le prince, cependant, est allé si loin dans
« ses déportements, que, pour remplir mes devoirs en-
« vers Dieu, comme monarque chrétien, et envers les
« royaumes et Etats qu'il lui a plu de commettre à ma
« charge, je n'ai pu me dispenser de l'arrêter et de le
« renfermer.

« Le regret et la douleur que j'aurai éprouvés en agis-
« sant ainsi, Votre Altesse en pourra juger par ce que je
« sais qu'elle en éprouvera elle-même, comme mère et
« dame de tous : mais enfin j'ai voulu, en cette occasion,
« faire à Dieu le sacrifice de ma propre chair et de mon
« propre sang, et préférer son service ainsi que le bien et
« l'avantage du public, aux autres considérations hu-
« maines.

« Les causes anciennes, aussi bien que récentes,
« qui m'ont contraint à prendre ce parti, sont d'une telle
« nature que je ne pourrais les rappeler à Votre Altesse,
« ni Votre Altesse les apprendre, sans renouveler notre
« douleur et notre chagrin à tous deux ; d'ailleurs, elle
« en sera informée plus tard. Quant à présent, je crois
« devoir seulement avertir Votre Altesse que ce n'est
« ni une faute, ni une désobéissance, ni un manque de
« respect qui ont donné lieu à ma détermination ; qu'elle
« n'a pas pour but un châtiment, auquel sans doute le
« prince a suffisamment donné matière, mais qui pour-

« rait avoir son temps et sa limite, et que je ne l'ai pas
« prise non plus comme moyen d'amendement, avec
« l'espoir que par là ses excès et ses désordres se ré-
« formeront ; cette affaire a un autre principe et d'autres
« racines ; le remède qu'elle exige ne consiste ni dans
« un temps à fixer, ni dans des moyens à mettre en pra-
« tique ; elle est d'une importance et d'une considération
« plus grande, eu égard aux devoirs susdits que j'ai en-
« vers Dieu et envers mes royaumes...

« De Madrid, le 20 janvier 1568.

« MOI, LE ROI (1). »

Cette lettre était tout entière de la main de Philippe. Ce fut également de sa main qu'il écrivit à l'empereur et à l'impératrice d'Autriche. Il disait à Maximilien : « Vo-
« tre Altesse a déjà été instruite du peu de satisfaction
« que j'avais de la vie et de la conduite du prince mon
« fils, ainsi que de ce que j'apprenais de son caractère
« et de son naturel. On n'a cependant pas dit là-dessus
« à Votre Altesse tout ce qu'on aurait pu lui dire, mais
« on s'est borné à des communications sommaires, pour
« la décence de la chose et afin de ménager l'honneur et
« la considération du prince... Depuis lors, ses déporte-
« ments se sont aggravés au point que je n'ai pu me dis-
« penser, après avoir mis en œuvre tous les autres

(1) Ap. Gachard, tome II, appendice B.

« moyens possibles, de prendre, comme dernier remède,
« la résolution de l'arrêter et de le renfermer. Cette ré-
« solution est celle d'un père, dans une chose qui touche
« tant son fils unique ; elle ne procède ni de la colère, ni de
« l'indignation ; mais elle a été envisagée comme le seul
« remède qui restât pour prévenir de grands et notables
« inconvénients : je suis donc certain que Votre Altesse
« jugera que j'ai été contraint d'agir ainsi par les motifs
« les plus urgents et les plus sérieux...

« De Madrid, 21 janvier 1568.

« MOI, LE ROI » (1).

Et dans sa lettre à l'impératrice, Philippe s'exprimait
ainsi : « Je voudrais, écrivait-il à sa sœur, je voudrais,
« pour plus de satisfaction de Votre Altesse, lui rendre
« compte très-ouvertement de la vie et des actions du
« prince, lui dire jusqu'à quel point il a poussé la licence
« et le désordre, les moyens que j'ai employés pour le
« faire changer de conduite, sans négliger aucun de
« ceux qui étaient possibles et convenables, et le temps
« pendant lequel mon amour de père et mon désir de
« procéder en ce fait d'une si haute importance avec la
« maturité et la justification requises, m'ont engagé à
« dissimuler ; mais cette relation serait trop longue.....
« Aujourd'hui je dirai seulement à Votre Altesse que,

(1) Ap. Gachard, tome II, appendice B.

« si le prince ne s'était rendu coupable que de désobéis-
« sance, de manque de respect et d'offense envers moi
« (quoique, sous ce rapport, il en eût assez fait pour
« justifier toute espèce de répréhension), j'aurais tâché
« encore de trouver un autre expédient qui sauvât son
« honneur et sa considération, lesquels sont les miens
« propres. Mais ses actions ont tant confirmé le juge-
« ment que, depuis plusieurs années, on portait de son
« caractère et de son naturel, et ce qu'on connaissait de
« ses défauts, qu'elles m'ont obligé à regarder plus
« avant et à prévenir, ainsi que j'y suis obligé (sans
« avoir égard à la chair, ni au sang, ni à toutes les au-
« tres raisons humaines), les grands et notables incon-
« vénients qui étaient à craindre, au cas que je ne prisse
« point cette mesure (1). »

La lettre que Philippe II écrivit au Pape n'est pas moins remarquable que les précédentes (2) ; on y sent l'âme du roi justicier, mais aussi du père, car :

« Un père, en punissant... est toujours père (3). »

Le projet de fuite de don Carlos, tel que nous l'avons rapporté, fut — on ne saurait en douter, — la cause réelle, immédiate de son arrestation ; ce fait impliquait le crime de révolte déclarée contre la personne du roi et pouvait avoir les suites les plus fatales pour l'Espagne. En conséquence, Philippe II était décidé à exclure son fils de la succession à la couronne et à le tenir renfermé pour

(1) *Ibid.*
(2) Voyez le texte dans l'Appendice B, du tome II, de l'ouvrage de M. Gachard, *Don Carlos et Philippe II.*
(3) Racine, *Phèdre.*

le reste de ses jours (1). Il ne faut pas se dissimuler, d'ailleurs, qu'avec la connaissance qu'il avait de l'humeur du prince, Philippe pouvait concevoir des appréhensions pour sa sûreté personnelle, le jour où il l'aurait rendu à la liberté.

Le roi fit ouvrir une enquête en règle sur les actions publiques et privées du prince, son fils. Un grand nombre de personnes y furent entendues, et il montra bien l'importance qu'il y attachait, en assistant aux interrogatoires et aux déclarations de ceux qui furent appelés à y déposer (2). Philippe II, cependant, ne fit point procéder contre son fils devant le conseil de Castille (3), soit, comme le prétend Adriani (4), qu'on ne pût établir la preuve que don Carlos eût conçu la pensée d'attenter à la vie de son père ou professé des opinions contraires à la foi, seuls délits qui auraient justifié son exclusion du trône (5), soit plutôt que le roi n'eût pas encore pris les

---

(1) C'est ce que l'archevêque de Rossano écrivait, le 4 février 1568 : « Si tien per fermo que priveranno il principe della successionne, et non lo liberranno mai. — Voyez Gachard, Appendice B.

(2) Relaccion del ayuda de càmara.

(3) Dès le mois de mars (cette date doit être notée,) on ne parlait plus, à la cour, du procès de don Carlos. Voyez la lettre de Nobili à Côme de Médicis, du 2 de ce mois, et celle de l'archevêque de Rossano, du même jour, au cardinal Alessandrino, et aussi le 30 mars.

(4) Répété par Herrera. Adriani, *Istoria de suoi tempi*, liv. XXVI, chap. I. — Herrera, *Historia general del mundo*, tome I, liv. X, chap. II.

(5) *Ibid.*

dernières mesures qu'exigeait une action judiciaire de cette gravité, quand les rapports journaliers qui lui étaient faits lui donnèrent lieu de prévoir que la fin prochaine du prince lui en épargnerait les embarras (1).

Donc, comme le prouve très-victorieusement M. Gachard (2), il n'y eut point de procès contre don Carlos, et l ajoute : « Quant au dépôt dans les Archives de Simancas, d'un coffre vert renfermant les pièces de ce prétendu procès, il faut avoir bien peu étudié le caractère et les actes de Philippe II, pour y ajouter foi. Ce monarque n'avait pas l'habitude d'envoyer aux Archives les pièces de ce genre, mais il les gardait avec soin dans son cabinet, et, lorsqu'il sentit sa fin approcher, il ordonna expressément, par son codicille du 24 août 1597, qu'elles fussent brûlées (3).

« Il y avait, à la vérité, aux Archives de Simancas, un coffre où, selon l'opinion généralement reçue en Espagne, devait se garder le procès de don Carlos. A en croire la tradition, il était défendu à l'archiviste d'y toucher, sous peine de mort. Pendant la guerre de l'indépendance, le général Kellermann, qui commandait à Valladolid, le fit ouvrir ; et qu'y trouva-t-on ? Le procès de don Rodrigo

---

(1) Dépêche adressée, le 30 juillet 1568, par Leonardo de Nobili à Côme de Médicis : « Mentre che (don Carlos) è statinchiuso, cosi sano come infermo, fri sempre stranissimo e difficile con coloro che n'aveano custodia, tal che usano di dire che era impossibile ch'egli vivisse.

(2) Tome II, p. 519 et 520.

(3) Don Modesto Lafuente, dans son *Historia general de Espana*, tome XIII, p. 339, cite les termes de ce codicille.

de Calderon, condamné en 1621, sous Philippe IV, à être décapité (1).

« On voit donc qu'il faut reléguer parmi les fables le procès de don Carlos et tout ce qui a été brodé là-dessus le dépôt des actes aux Archives de Simancas, que raconte Cabrera ; le bruit de leur enlèvement par Napoléon Ier, dont parle Llorente (2) ; cet autre bruit d'après lequel Ferdinand VII aurait ordonné qu'on les lui remît (3) ; enfin les rumeurs qui ont eu cours, il y a quelques années, en Allemagne, sur l'existence, dans un château de ce pays, des pièces de la procédure, dont se serait emparé, en 1810, un général allemand alors au service de la France... »

Sans nous arrêter ici à raconter les derniers jours de don Carlos, entremêlés d'accès de désespoir et de folie furieuse, et couronnés par une fin édifiante, nous devons constater, pour rendre hommage à la vérité, qu'en Espagne et hors d'Espagne la mort de ce jeune homme d'à peine vingt-quatre ans, donna lieu à beaucoup de rumeurs; il y eut — comme souvent, en pareille occurrence, — une foule de gens à qui l'on ne put persuader que cette mort avait été naturelle (4) ; cependant, rien n'est plus exact. Plus tard, des écrivains s'emparant de ces bruits

---

(1) Voyez, dans le premier volume de la *Correspondance de Philippe II sur les affaires des Pays-Bas*, la notice de M. Gachard sur les Archives de Simancas, p. 27 et 28.

(2) *Histoire de l'Inquisition*, traduite de l'espagnol, tome III, p. 182.

(3) Lafuente, *Historia general de España*, tome XIII, p. 339.

(4) Cs. Gachard, tome II, p. 622 et 623, note 2.

populaires et les exagérant, accusèrent Philippe II : l'un, d'avoir fait prendre un bouillon empoisonné à son fils (1); l'autre, de lui avoir fait donner un poison lent (2); un troisième, d'avoir commandé qu'on l'étranglât et chargé des esclaves de cette exécution (3); un quatrième, de l'avoir fait étouffer (4); il s'en trouva même qui allèrent jusqu'à soutenir que, dans son cercueil (qu'ils n'avaient pas vu), don Carlos avait la tête entre les jambes, preuve qu'il avait été décapité (5).

Les faits rapportés ci-dessus, d'après les témoignages les plus respectables, montrent le cas que méritent ces accusations, qui d'ailleurs se détruisent les unes par les autres (6).

« La mort du prince Carlos — dit avec raison un historien moderne, M. Lafuente, — ne fut pas un mal pour l'Espagne : car, vu son caractère, la nation ne pouvait espérer de lui aucun bien; elle devait, au contraire, en

---

(1) De Thou, livre XLIII.
(2) Llorente, *Histoire de l'Inquisition*, tome III. p. 172 et suiv.
(3) P. Matthieu, *Histoire de France sous le règne de François Ier*, etc., (Paris, 1731, in-fol.) tome I, p. 305.
(4) Brantôme, *Vie des grands capitaines*, tome I, p. 126, édit. Buchon, 1838.
(5) Saint-Simon, *Mémoires*, édit. in-12. 1840, tome XXXV, p. 208.
(6) M. Gachard recommande à ceux qui désireraient savoir comment prirent naissance les fables débitées sur la mort de don Carlos et comment elles se sont propagées jusqu'à nos jours, la lecture d'une excellente étude de M. Arendt, insérée dans les *Bulletins de l'Académie royale de Belgique*, 2e série, tome II, p. 187 et suiv.

attendre de grandes calamités, à moins qu'il ne se fût amendé beaucoup avant de succéder au roi son père (1). »

Nous sommes complétement de l'avis de M. Lafuente et nous croyons que ce sera aussi celui de tous les lecteurs de cette rapide étude sur Philippe II, à propos de don Carlos. Sans doute, les détails édifiants de la mort de ce prince, sa jeunesse, la pitié qui s'attache à une grande infortune, peuvent attendrir la masse du public sur celui qui a souffert plus de lui-même que par le fait d'autrui; cependant, la piété de don Carlos, à son heure suprême, ne doit pas plus l'innocenter de sa conduite antérieure, de sa méchanceté, de sa rébellion et de ses coupables pensées, que les jeunes conspirateurs Cinq-Mars et de Thou, dont naguères nous avons raconté la conjuration, le procès et le supplice (2).

L'ouverture et la visite du cercueil de don Carlos, en 1795, trouvent ici naturellement leur place ; c'est la plus convaincante réfutation de la prétendue décapitation de ce prince, dont Saint-Simon (3) et après lui Voltaire (4) ont avancé et répandu la fable.

Ce qui donne de l'intérêt à cette lettre, écrite par une personne qui habitait alors l'Escurial (5), ce n'est pas

---

(1) *Historia general de España*, tome XIII, 1854, p. 335.

(2) Cs. la 8ᵉ série des *Erreurs et Mensonges historiques*, (La conspiration de Cinq-Mars,) p. 260-281.

(3) *L. c. sup*.

(4) *Essai sur les mœurs*, chap. CLXXI.

(5) On ne connaît ni le nom ni la qualité de l'auteur de cette lettre qui, selon toute vraisemblance, occupait une charge à la cour, puisqu'il logeait au monastère même de l'Escurial.

seulement l'assertion de Saint-Simon, ce sont aussi les détails contenus dans une note du colonel Bory de Saint-Vincent (1) : cet officier supérieur, attaché à l'état-major du maréchal Soult, avait profité, en 1812, d'un moment où les troupes françaises occupaient le village de l'Escurial, pour visiter le célèbre monastère bâti par Philippe II.

Voici le passage de la note du colonel Bory de Saint-Vincent qui se rapporte à don Carlos : « Nous nous hâtâmes de chercher don Carlos, et nous le trouvâmes bientôt à son rang de date... La bière avait échappé à l'Anglais, qui probablement n'avait pas lu Saint-Réal... Voulant vérifier si la tête manquait (c'était le point essentiel,) je grattai promptement avec mon couteau du côté où je devais la trouver, si elle existait, et je la découvris après de légers efforts... Nous nous préparions à débarrasser le cou de toute la chaux qui l'encroûte, afin de voir dans quel état il se trouverait et si la colonne vertébrale serait intacte, lorsqu'une de mes ordonnances vint nous avertir que l'armée ne s'arrêtait point. Il fallait poursuivre des succès; nous repoussâmes don Carlos à sa place et montâmes à cheval pour recourir après les Anglais...

« Voilà — dit spirituellement M. Arendt (2), — il en faut convenir, une ordonnance qui, dans l'intérêt de l'histoire, arrive bien mal à propos. »

Mais, pour nous dédommager, jusqu'à un certain

---

(1) Cette note fut insérée par M. de Reiffenberg dans son édition de l'*Histoire des troubles des Pays-Bas*, de Van der Vynckt.

(2) Etude précitée.

point, de ce fâcheux contre-temps, nous avons et nous reproduisons la lettre précitée de l'anonyme, à la date du 2 août 1795.

« J'ai vu, enfin, le cadavre de don Carlos, fils de Philippe II, dont la mort a été le sujet de discours si divers et a donné occasion à ce qu'on dénigre la mémoire de ce roi, qui aurait ordonné, selon les uns, qu'on décapitât son fils, qu'on l'étouffât ou qu'on le saignât aux quatre veines, selon d'autres ; et l'on ajoute que la tête est séparée du corps. *C'est une imposture : car j'ai pu voir tout à mon aise le cadavre entier* (1), qui est conservé avec les altérations qu'a dû naturellement produire le long espace de temps écoulé depuis la mort de don Carlos. *Ce prince n'a donc pas été décapité...* (2). Ceci est un point dont les étrangers ont beaucoup parlé. Je me réjouirais qu'ils vissent le cadavre comme je l'ai vu, pour se désabuser de la croyance que don Carlos fût décapité (3). »

Un historien moderne, que l'on ne peut accuser de la moindre sympathie pour Philippe II, mais aussi dont on ne saurait assez louer l'impartialité, M. de Moüy, résumant le jugement que l'on doit porter de la conduite de ce roi en la plus difficile des affaires, conclut en ces termes : « De ce que Philippe II a commis beaucoup d'actes que l'histoire réprouve, il ne faut pas se laisser

---

(1) Es una impostura, porque he visto muy despacio el cadaver entero.

(2) No fuè degollado este principe.

(3) Apud Gachard, tome II, p. 711 et 712.

dominer, dans la question qui nous occupe, par des opinions préconçues et se montrer systématiquement injuste. Or, il est clair que dans sa conduite vis-à-vis de don Carlos, depuis la naissance du prince, jusqu'au point où nous en sommes arrivés (sa prison), Philippe ne fut ni mauvais père ni mauvais roi ; qu'il fut sévère, il est vrai, mais disposé à céder en toute circonstance juste, qu'il n'en est venu à la rigueur qu'au moment où l'indulgence eût été funeste non-seulement à l'Etat, mais au prince lui-même, et que, placé en définitive dans les circonstances les plus douloureuses et les plus délicates, en présence d'un fils insensé et rebelle à la fois, il a agi tout ensemble en père, par sa longanimité prolongée, en roi, par sa résolution dernière. L'histoire légère des siècles passés l'a accusé avec une incroyable ignorance : il est temps que l'histoire analytique de nos jours lui accorde courageusement, appuyée sur des faits, sur des preuves, sur une critique sérieuse et sincère, une réparation méritée (1). »

Et ailleurs, à propos de l'enquête ordonnée par Philippe II, sur la conduite de son coupable fils, M. de Moüy est parfaitement dans le vrai, quand il dit : « Cette procédure a été interrompue, et c'est pourquoi elle a été mal comprise. On l'a reprochée à Philippe II, et cependant, aux yeux de la critique, elle doit l'absoudre d'une formidable accusation. Si, comme plusieurs le supposent gratuitement, il avait désiré ou espéré la fin prochaine de son fils, et surtout si, comme on l'a osé dire, il avait résolu d'attenter aux jours de l'infant, à quoi bon com-

---

(1) Ch. de Moüy, *don Carlos et Philippe II*, p. 245.

mencer une enquête ? Pourquoi l'écarter du trône, si la mort devait trancher la question (1) ? »

Revenant encore, pour la dernière fois, sur l'accusation si gratuitement jetée à la mémoire de Philippe II, d'avoir fait périr son fils, M. de Moüy conclut pour la négative absolue, en ces termes sans réplique : « Tout crime est commis dans un but : or, il faut nier — ce qui est impossible, – tous les faits établis par d'incontestables documents et relatifs à la vie de don Carlos, depuis sa naissance jusqu'à son arrestation, et se jeter alors à travers d'insoutenables hypothèses, ou bien il faut reconnaître que Philippe II n'avait aucun avantage à la mort de son fils. Dès lors il l'aurait fait périr sans cause : dans ces termes, pour qui connaît le roi d'Espagne, la question est décidée. Il est clair qu'une fois l'infant emprisonné et déclaré inhabile à succéder, il n'était plus un péril pour la monarchie : sa mort violente eût été un crime absolument inutile, par conséquent inexplicable. On peut admettre que Philippe II fut capable de tout, mais il ne versait jamais le sang pour le plaisir de le verser, et l'on ne peut pas sérieusement admettre qu'il eût fait périr son fils par pure cruauté. Les écrivains qui se sont faits les échos de ce bruit populaire, énoncent cette opinion avec cette incroyable naïveté dans la calomnie qui caractérisait beaucoup d'historiens d'autrefois, et pas un seul ne songe à prouver ce qu'il avance. Rien ne peut étonner du reste de la part de ces auteurs si consciencieux : plusieurs n'ont-ils pas prétendu que Philippe II avait livré son fils à l'Inquisition ? Il a fallu, pour réfuter ce

---

(1) Id., ibid., p. 266 et 267.

mensonge absurde, que Llorente, qui avait eu, comme secrétaire de l'Inquisition toutes les archives du Saint-Office entre les mains, ait solennellement affirmé qu'il ne s'y trouvait pas un seul acte relatif à don Carlos (1). L'hypothèse d'un crime tombe d'elle-même au premier examen (2). »

Enfin, on n'a pas manqué d'accuser de froideur glaciale la réserve que Philippe II avait gardée au moment où don Carlos rendait le dernier soupir; ici encore M. de Moüy a bien lu dans l'âme de cet homme, doublement malheureux comme père et comme roi, les véritables sentiments auxquels il a dû être en proie. « Il conserva cette dignité triste, cet air de résignation chrétienne qui convenaient bien à son rang, aux circonstances, et je crois aussi à sa pensée. Si froide qu'ait été sa nature, il est impossible qu'il n'ait été vivement ému en présence de ces terribles événements. Il se courbait devant cette calamité, « résolu de longtemps d'accepter le bien et le « mal qu'il plaisait à Dieu de lui envoyer (3), » mais un pareil deuil était de ceux qui contiennent trop d'enseignements pour ne pas frapper avec violence l'imagination d'un roi et le cœur d'un père. Sans doute, Philippe n'a pu regretter la mort de son fils, comme si don Carlos eût été l'un de ces princes distingués qui sont l'espoir des

---

(1) « Aseguro que nada me ha quedado por hacer en los archivos del consejo de la Inquisicion... y debo asegurar que no hubo semejante proceso da la Inquisicion ni sentencia de inquisidores.» — Llorente, tome VI, p. 165.

(2) De Moüy, *op. c.*, p. 288 et 289.

(3) Lettre de Fourquevaulx, du 27 avril 1568.

peuples et la joie des maisons souveraines, mais il est impossible que cet homme... n'ait pas été troublé dans le plus intime de l'âme par cette catastrophe où s'était manifestée la puissance... de Celui qui est plus grand que les rois (1).»

Comme les mensonges ont la vie dure, — en 1867, un libretto français, *Don Carlos,* est venu, une fois de plus, donner à la fable que l'on sait la consécration de la musique de Verdi.

On ferait un curieux livre, à ce propos, sous ce titre piquant : *Les mensonges mis en musique,* où *les Huguenots, la Juive, Charles* VI, *le Prophète, les Vêpres Siciliennes* et *l'Africaine,* — pour ne citer que les opéras les plus connus, — feraient une digne escorte au *don Carlos* chantant.

---

(1) De Moüy, p. 306 et 307.

LA VÉRITÉ SUR URBAIN GRANDIER

Nous avons longtemps hésité à aborder cette question historique, si complexe ou tout au moins à deux faces, le sacrilége s'aggravant d'un pacte diabolique ; il semble difficile, pour ne pas dire impossible, de séparer ces deux ordres d'idées, ces deux chefs d'accusation ; cependant, les pièces du procès sous les yeux, nous avons tenté, et nous croyons y avoir réussi, d'étudier dans le procès d'Urbain Grandier, le prêtre infidèle à ses devoirs les plus sacrés et doublant son crime de lèse-majesté divine, de l'impudence et de l'impénitence finales, défi effroyablement cynique jeté au ciel et aux hommes.

Urbain Grandier fut-il coupable des sacriléges dont on l'accusait ? Oui, et le supplice terrible qu'il subit était dans la législation du temps où il vécut. Mais, comme à ce procès on a voulu, à toute force, rattacher le nom du cardinal de Richelieu, et faire peser sur cet homme d'État toute la responsabilité de l'arrêt qui frappa le prêtre indigne et coupable, il importe, au point de vue de la grande mémoire de l'illustre incriminé, de démontrer que l'accusation dont Richelieu a été et est resté l'objet, est une erreur grave, bien plus encore un mensonge aussi énorme qu'absurde.

En d'autres termes, le procès d'Urbain Grandier est devenu et est resté une machine de guerre destinée à battre en brèche la mémoire déjà tant calomniée du ministre de Louis XIII.

Au siècle dernier et à propos des affaires Calas, Sirven, la Barre et autres, Voltaire — qui cherchait à se faire des armes de tout, principalement des préjugés populaires ainsi que des erreurs et des mensonges qui en sont les suites fatales, — Voltaire s'empara du procès d'Urbain Grandier et, insistant à outrance sur le supplice qu'avait subi ce grand coupable, il entreprit une de ces escarmouches passionnées dont ses œuvres sont la somme.

Il écrivait il y a plus d'un siècle (1) : « Il est dit, dans la relation la plus authentique de ce procès et de la mort affreuse de ce curé Grandier, que le bourreau qui lui administra la question ne le faisant pas assez souffrir pour le forcer à se confesser sorcier, un révérend père Récollet, aussi robuste que zélé, prit la place du questionnaire et enfonça les instruments de la vérité si profondément dans les jambes du patient qu'il en fit sortir la moëlle...

« On sait assez que le procès des diables de Loudun et du curé Grandier livra à une exécration éternelle la

---

(1) Prix de la justice et de l'humanité (1777), chap. IX, des Sorciers.

mémoire des insensés scélérats qui l'accusèrent juridiquement d'avoir ensorcelé des Ursulines, et ces misérables filles qui se dirent possédées du diable, et cet infâme juge-commissaire Laubardemont, qui condamna le prétendu sorcier à être brûlé vif, et le cardinal de Richelieu qui, après avoir fait tant de livres de théologie, tant de mauvais vers et tant d'actions cruelles, délégua son Laubardemont pour faire exorciser des religieuses, chasser des diables et brûler un prêtre. »

On le voit, ce que Voltaire cherche, avant tout, dans le procès de Grandier, c'est un moyen pour insulter la mémoire du cardinal Richelieu ; un cardinal faisant brûler un prêtre, quelle bonne fortune pour le clan des écraseurs de l'Infâme !..

Naturellement, dans ce système de parti pris, aux yeux de tels accusateurs acharnés, celui qui aurait voulu appeler d'un tel arrêt, ne saurait être assez flétri. Aussi Voltaire s'empresse-t-il d'ajouter, en guise de péroraison : « Ce qui peut encore être plus étrange, c'est que, dans notre siècle, où la raison semble avoir fait quelques progrès, on a imprimé, en 1749, un *Examen des diables de Loudun,* par M. Ménardaie, prêtre. »

Ici, par une tactique qui lui est familière, Voltaire altère le titre du livre de la Ménardaie, pour ne pas faire connaître le pamphlet protestant auquel cet ouvrage répond si victorieusement. Or, le livre de la Ménardaie porte ce titre assez détaillé et qui indique nettement un programme bien arrêté : *Examen et discussion critique de l'*Histoire des diables de Loudun, de la Possession des Religieuses ursulines et de la Condamnation d'Urbain Grandier.

L'*Histoire des diables de Loudun* est due à la plume d'Aubin, écrivain et ministre protestant, né à Loudun vers le milieu du XVIIe siècle ; il se réfugia en Hollande après la révocation de l'édit de Nantes, et publia l'*Histoire* précitée (Amsterdam, 1693, in-12). Il reprit plus tard le même sujet, sous les titres de : *Cruels effets de la vengeance de Richelieu* (1716), et de l'*Histoire d'Urbain Grandier* (1735), toujours à Amsterdam, dans le même format. Ces titres divers sont ceux d'un seul et unique ouvrage qui parut pour la première fois en 1693.

Dans cette élucubration ténébreuse, Aubin a arrangé les faits à sa manière, et essaie de tourner en ridicule le fait de la possession des Ursulines de Loudun.

C'est dans ce livre, lu à la hâte, que Voltaire a puisé ses allégations contre Richelieu... Poursuivons nos citations.

« On reprochera toujours à la mémoire du cardinal de Richelieu, la mort de ce fameux curé de Loudun, Urbain Grandier, condamné au feu comme magicien par une commission du conseil. On s'indigne que le ministre et les juges aient eu la faiblesse de croire aux diables de Loudun ou la barbarie d'avoir fait périr un innocent dans les flammes (1). »

Voltaire est tellement préoccupé de fourrer partout ses griefs contre Richelieu, qu'il en fait mention jusque dans la préface de son odieux *Poëme sur le désastre de Lisbonne*, voire dans cette infamie rimée qui s'intitule *la Pucelle*.

---

(1) Siècle de Louis XIV, chap. II, des États de l'Europe avant Louis XIV.

« Ceux — dit-il (1), — qui gémirent sur l'aventure des diables de Loudun, si humiliante pour la raison humaine ; ceux qui trouvèrent mauvais qu'un Récollet, en conduisant Urbain Grandier au supplice, le frappât au visage avec un crucifix de fer, furent appelés athées par les Récollets.

> Murs de Loudun, quel nouveau feu s'allume ?
> C'est un curé que le bûcher consume :
> Douze faquins ont déclaré sorcier
> Et fait griller messire Urbain Grandier (2).

Et en note : « Un nommé la Ménardaye a été assez imbécile pour faire imprimer, en 1749, un livre dans lequel il croit prouver la vérité de ces possessions. »

Enfin, dans son article : « Critiques qui révoltent un siècle aussi éclairé que le nôtre, » Voltaire revenant à la charge pour la troisième fois contre la Ménardaie, dit : « Il y a toujours des barbares dans les nations les plus polies et dans les temps les plus éclairés ; il s'en est trouvé un qui a fait un livre assez considérable, muni d'approbation et de privilége, pour soutenir la vérité de la possession des religieuses de Loudun (3). »

La Ménardaie est, aux yeux de Voltaire, *un imbécile* et *un barbare ;* ce sont là de ces aménités dont il est coutu-

---

(1) Poëme sur le désastre de Lisbonne, en 1755. Préface.
(2) La Pucelle, chant III.
(3) Conclusion et examen de ce tableau historique (1763.)

mier vis-à-vis de ceux qui ont le malheur de ne pas penser comme lui en philosophie ou en histoire.

Mais, me dira-t-on peut-être, sans doute même : « Puisque l'autorité de Voltaire est de si peu de poids dans les questions de controverse et de critique, pourquoi tant y insister ? » A cela je crois devoir répondre qu'il est aujourd'hui, plus que jamais, nécessaire de prendre à parti le propagateur né de tant d'erreurs volontaires et de mensonges prémédités, école à laquelle se sont élevés ses dignes disciples, les libéraux et les libres-penseurs. Ainsi, en 1825, au moment où le gouvernement du roi Charles X venait de promulguer (20 avril) la loi sur le sacrilége, un assez médiocre littérateur, H. Bonnelier, fabriquait avec le livre d'Aubin un roman intitulé *Urbain Grandier ;* un an après, A. de Vigny consacrait les premiers chapitres de son roman de *Cinq-Mars* au récit fantaisiste et surtout très-mélodramatique du supplice du trop fameux curé de Loudun.

On ne s'attendait guère
A voir Cinq-Mars en cette affaire.

Quelques citations donneront une idée de l'érudition d'A. de Vigny, puisée uniquement dans le pamphlet d'Aubin et agrémentée d'épigraphes empruntées à Ch. Nodier, au *Vicaire savoyard*, à Dante et à la tragédie des *Templiers*.

Ecoutons A. de Vigny (1) : « Ce règne dont nous vou-

---

(1) Cinq-Mars, ou une conjuration sous Louis XIII, 13ᵉ édit. (1861, in-8), p. 32.

lons peindre quelques années, règne de faiblesse qui fut comme une éclipse de la couronne entre les splendeurs de Henri IV et de Louis-le-Grand, afflige les yeux qui les contemplent par quelques souillures sanglantes. Elles ne furent pas toutes l'œuvre d'un homme, de grands corps y prirent part. Il est triste de voir que, dans ce siècle encore désordonné, *le clergé,* pareil à une grande nation, *eût sa populace, comme il avait sa noblesse ;* ses ignorants et ses criminels, comme ses savants et vertueux prélats... »

Pour A. de Vigny, la populace du clergé vise principalement les ordres religieux et les théologiens chargés de suivre le procès du curé de Loudun.

Un dialogue, moyen cher à l'école romantique à son aurore, initie à l'action qui touche bientôt à son dénouement.

Portrait d'Urbain Grandier : « La noblesse de son visage était remarquable, et rien n'égalait la douceur de ses traits ; sans affecter un calme insultant, il regardait avec bonté et semblait chercher à droite et à gauche s'il ne rencontrerait pas le regard attendri d'un ami ; il le rencontra, il le reconnut, et ce dernier bonheur d'un homme qui voit approcher son heure dernière ne lui fut pas refusé : il entendit même quelques sanglots ; il vit des bras s'étendre vers lui, et quelques-uns n'étaient pas sans armes ; mais il ne répondit à aucun signe ; il baissa les yeux, ne voulant pas perdre ceux qui l'aimaient et leur communiquer par un coup d'œil la contagion de l'infortune (1). »

(1) Ibid. p. 41.

C'est assez flatté et surtout peu ressemblant, ainsi que nous le prouverons surabondamment tout à l'heure. Après la victime, le traître, c'est-à-dire Laubardemont : « Il avait la figure d'un Basile, avec le regard de Néron (1). » Vous voyez cela d'ici ; c'est ce qu'A. de Vigny appelle emphatiquement *la vérité dans l'art* (2)...

Naturellement, à la suite de cette *procession diabolique* (*sic*) (3), Cinq-Mars rencontre un bon prêtre qui traite toute cette affaire de sinistre jonglerie, et c'est ce qui lui vaut de la part du romancier l'épithète de *bon*. On parle d'abord beaucoup de Laubardemont, *l'âme damnée* du cardinal de Richelieu.

— Mais, s'écria Cinq-Mars, est-il donc si puissant ?

— Plus qu'on ne le croit et qu'on ne peut le croire ; je sais qu'il est muni d'un arrêt du conseil qui lui ordonne de juger, sans s'arrêter à tous les appels interjetés au parlement, à qui le cardinal interdit connaissance de la cause d'Urbain Grandier.

— Et enfin quels sont les torts de cet homme ? dit Cinq-Mars.

— Ceux d'une âme forte et d'un génie supérieur, une volonté inflexible qui a irrité la puissance contre lui et une passion profonde qui a entraîné son cœur et lui a fait commettre le seul péché mortel que je crois pouvoir lui être reproché ; mais, ce n'a été qu'en violant le secret

---

(1) Ibid. p. 41.
(2) *Réflexions sur la vérité dans l'art*, tel est le titre de la préface du roman de *Cinq-Mars*.
(3) Cinq-Mars, p. 42.

de ses papiers, qu'en les arrachant à Jeanne d'Estièvre, sa mère octogénaire, qu'on a su et publié son amour pour la belle Madeleine de Brou; cette jeune demoiselle avait refusé de se marier et voulait prendre le voile... L'éloquence de Grandier et sa beauté angélique ont souvent exalté des femmes qui venaient de loin pour l'entendre parler; j'en ai vu s'évanouir durant ses sermons; d'autres s'écrier que c'était un ange, toucher ses vêtements et baiser ses mains lorsqu'il descendait de la chaire. Il est certain que, si ce n'est sa beauté, rien n'égalait la sublimité de ses discours, toujours inspirés : le miel pur des Evangiles s'unissait, sur ses lèvres, à la flamme étincelante des prophéties, et l'on sentait au son de sa voix un cœur tout plein d'une sainte pitié pour les maux de l'homme, et tout gonflé de larmes prêtes à couler sur nous (1). »

Voici, à la suite, un portrait du père Joseph, et nous n'allons pas tarder d'arriver au cardinal lui-même.

« Connaissez-vous — c'est le bon prêtre qui continue à parler, — connaissez-vous un homme appelé l'Eminence grise, ce capucin redouté que le cardinal emploie à tout, consulte souvent et méprise toujours (2)? C'est à lui que les capucins de Loudun se sont adressés. Une femme de ce pays et du petit peuple, nommée Hamon, ayant eu le bonheur de plaire à la reine quand elle passa dans ce pays, cette princesse l'attacha à son service. Vous savez

(1) Ibid. p. 51.
(2) C'est un insigne mensonge. Sur le père Joseph, voyez la quatrième série des *Erreurs et Mensonges Historiques*, p. 227-269, (La vérité sur le père Joseph).

quelle haine sépare sa cour de celle du cardinal... Dans un moment d'éclipse du cardinal, une satire parut, sortie du système planétaire de la reine ; elle avait pour titre *la Cordonnière de la reine-mère* ; elle était bassement écrite et conçue, mais renfermait des choses si injurieuses sur la naissance et la personne du cardinal que les ennemis de ce ministre s'en emparèrent et lui donnèrent une vogue qui l'irrita. On y révélait, dit-on, beaucoup d'intrigues et de mystères qu'il croyait impénétrables ; il lut cet ouvrage anonyme et voulut en savoir l'auteur. Ce fut dans ce temps même que les capucins de cette petite ville écrivirent au père Joseph qu'une correspondance continuelle entre Grandier et la Hamon ne leur laissait aucun doute qu'il ne fût l'auteur de cette diatribe. En vain avait-il publié précédemment des livres religieux de prières et de méditations, dont le style seul devait l'absoudre d'avoir mis la main à un libelle écrit dans le langage des halles ; le cardinal, dès longtemps prévenu contre Urbain, n'a voulu voir que lui de coupable : on lui a rappelé que lorsqu'il n'était encore que prieur de Coussay, Grandier lui disputa le pas, le prit même avant lui : je suis bien trompé si ce pas ne met son pied dans la tombe...

« Déjà on a affecté de regarder un ouvrage contre le célibat des prêtres, trouvé dans ses papiers, comme destiné à propager le schisme. Il est bien coupable, sans doute, et l'amour qui l'a dicté, quelque pur qu'il puisse être, est une faute énorme dans l'homme qui est consacré à Dieu seul ; mais ce pauvre prêtre était loin de vouloir encourager l'hérésie, et c'était, dit-on, pour apaiser les remords de Mlle de Brou qu'il l'avait composé. On a si bien vu que ces fautes véritables ne suffisaient pas pour le faire mourir qu'on a réveillé l'accusation de sorcellerie assoupie depuis longtemps et que, feignant d'y croire, le cardinal a établi dans cette ville un tribunal nouveau et enfin mis à sa tête Laubardemont; c'est un signe de mort (1). »

Le procès se déroule et on y lit le début du livre de Grandier contre le célibat des prêtres; cette page est terriblement montée de ton :

La torture interroge et la douleur répond.

Ce vers de la tragédie des *Templiers* est l'épigraphe du dernier des quatre chapitres consacrés à Grandier par A. de Vigny, et ce n'est certes pas le moins curieux. Le supplice du curé de Loudun est érigé en *martyre!* Cinq-Mars, qui assiste à la torture, est de plus en plus furieux contre Laubardemont; A. de Vigny fait dire à un des témoins de cette scène : « Je vois le bourreau qui enfonce quatre morceaux de bois entre les cordes (qui serrent les jambes du curé), après que les capucins ont béni les marteaux et les clous (2).»

L'échafaud est dressé, Grandier y monte ; adjuré de faire amende honorable, le malheureux apostrophe en ces termes Laubardemont : «Au nom du Dieu vivant, je t'ajourne à trois ans, juge prévaricateur (3) ! »

---

(1) Ibid. p. 52-54.
(2) Ibid. p. 69.
(3) Ibid. p. 73.

Voici la scène de la fin, empruntée — comme tout le reste, non sans de notables arrangements cependant, — au pamphlet d'Aubin.

« — ... Le magicien n'a jamais pu prononcer le nom du Sauveur et repousse son image.

« Lactance (un capucin) sortit en ce moment du milieu des pénitents, ayant dans sa main un énorme crucifix de fer, qu'il semblait tenir avec précaution et respect; il l'approcha des lèvres du patient, qui effectivement se jeta en arrière, et, réunissant toutes ses forces, fit un geste du bras qui fit tomber la croix des mains du capucin.

« — Vous le voyez, s'écria celui-ci, il a renversé le crucifix !

« — Profanation ! s'écrièrent les prêtres.

« Cependant, Cinq-Mars, se glissant derrière un pilier, avait tout observé d'un œil avide ; il vit avec étonnement que le crucifix, en tombant sur les degrés, plus exposés à la pluie que la plate-forme, avait fumé et produit le bruit du plomb fondu jeté dans l'eau. Pendant que l'attention publique se portait ailleurs, il s'avança et y porta une main qu'il sentit vivement brûlée. Saisi d'indignation et de toute la fureur d'un cœur loyal, il prend le crucifix avec les plis de son manteau, s'avance vers Laubardemont, et le frappant au front :

« — Scélérat, s'écrie-t-il, porte la marque de ce fer rougi !

« La foule entend ce mot et se précipite (1). »

Fureur de Laubardemont, il crie qu'on arrête cet in-

---

(1) Ibid. p. 74.

sensé ; Lactance veut le faire jeter au bûcher avec Grandier ; on tente vainement de sauver le curé. Trop tard !.. Cinq-Mars n'a que le temps de se sauver, mais on devine que Laubardemont — comme traître de tout mélodrame bien charpenté, — le retrouvera et au cinquième acte (je veux dire au dernier chapitre), lui fera payer de sa tête cette espièglerie de tout à l'heure. « Mais aussi, qu'allait-il faire dans cette galère ! »

Voilà le *roman* de Grandier, il est temps d'examiner son *histoire* et de faire connaître toute la vérité sur ce personnage, que les libéraux du règne de Charles X se sont tant efforcés de réhabiliter.

Écartant la question de sorcellerie, nous examinerons seulement — et c'est déjà une chose immense pour ne pas dire la chose essentielle, — si, conformément aux lois alors en usage non-seulement en France et dans tous les pays catholiques, mais encore même chez les nations hérétiques, Grandier avait mérité le supplice infligé aux individus reconnus coupables du crime de sacrilége. Oui, telle sera notre réponse catégorique, et voici sur quoi nous la basons :

Les anciennes lois de la France mettaient le sacrilége au nombre des crimes de lèse-majesté divine au second chef ; Fleury (1) définit ainsi le sacrilége : « Une action
« faite au mépris de la religion, comme la profanation de
« la sainte Eucharistie, des saintes huiles, des vaisseaux
« ou vases sacrés, des églises, des cimetières ; la viola-
« tion des franchises des lieux saints dans les pays où
« elles sont encore observées ; le vol ou l'usurpation des

(1) Institution au droit ecclésiastique, chap. XIII.

« biens consacrés à Dieu, les violences commises contre
« les clercs et les religieux...»

Les ordonnances contre les sacriléges étaient d'une très-grande sévérité ; le dernier supplice en était la punition.

C'est en vertu de cette loi que fut jugé, condamné et exécuté, en 1765, le chevalier de la Barre, qui s'était rendu coupable d'insulte publique à une cérémonie du culte ; Voltaire avait pris le parti de ce triste personnage et voulait intéresser à sa personne Frédéric II, lequel — tout protestant doublé de philosophe qu'il était, — lui répondit en ces termes passablement verts : « La scène qui s'est passée à Abbeville est tragique : mais *n'y a-t-il pas de la faute de ceux qui ont été punis?...* »

« Vous ne contesterez pas que tout citoyen doit se
« conformer aux lois de son pays ; or, *il y a des punitions*
« *établies par les législateurs pour ceux qui troublent le*
« *culte adopté par la nation...* Il ne faut pas que la philo-
« sophie encourage à de pareilles actions, ni qu'elle
« fronde des juges qui n'ont pu prononcer autrement
« qu'ils n'ont fait (1)... »

Nous allons appliquer ces sages principes à l'examen de la vie, du procès et de la condamnation d'Urbain Grandier ; certes, on ne peut récuser, comme entaché de fanatisme outré, le témoignage de Frédéric II.

Notre guide dans cette étude sera le ministre protestant Aubin, qui reconnaît tous les griefs articulés contre le curé de Loudun et ne songe pas un seul instant à les dissimuler ou à les atténuer, occupé qu'il est de nier, en

---

(1) Lettre de Frédéric II, du 7 août 1766.

les tournant en dérision, les faits de possession démoniaque des Ursulines de Loudun, et en s'efforçant de faire peser sur Richelieu, le père Joseph et Laubardemont, tout l'odieux de ce procès qu'il croit propre à servir les rancunes des protestants contre ces trois hommes.

L'argumentation de la Ménardaye consiste à retourner contre Aubin et les protestants ses aveux aussi bien que ses réticences ou ses mensonges de propos délibéré.

Chose curieuse et tout d'abord à noter, ce n'est que trente-neuf ans après la mort de Grandier, qu'Aubin, retiré en Hollande, publie un livre qui a trait à la vie et au procès du curé de Loudun. Grandier était mort en 1634, et le livre d'Aubin ne parut qu'en 1693.

« Cette prétendue histoire — dit la Ménardaye, — est une calomnie la plus insigne contre toute l'Eglise catholique, et particulièrement contre celle de France. Si elle ne fut point réfutée dans le temps, comme elle le méritait, les guerres d'alors et le peu de commerce qu'il y avait entre nous et la Hollande en furent apparemment la cause. Ce qu'il y a de certain, c'est que cet ouvrage fut peu répandu dans ce pays-ci (1). »

Posons nettement la question ; c'est d'une importance capitale pour ne pas s'exposer à faire fausse route dès les premiers pas, et c'est le moyen infaillible de découvrir, de révéler et de faire toucher, pour ainsi dire, au doigt la vérité, rien que la vérité, toute la vérité sur cette

---

(1) La Ménardaye, *préface*, p. VII.

affaire, autour de laquelle on a tant essayé d'épaissir les ténèbres...

Quatorze juges s'assemblent par ordre du roi, ayant à leur tête un Conseiller d'Etat : après un examen qui ne dure pas moins de huit à neuf mois, fait à Loudun publiquement, et après avoir entendu une infinité de témoins, ils condamnent au dernier supplice un infâme curé, dont la vie scandaleuse est même avouée par le protestant Aubin et par ses propres partisans, comme étant convaincu d'avoir abusé de son ministère pour séduire et corrompre plusieurs femmes et filles, et même d'avoir profané le sanctuaire par ses crimes abominables. Ce jugement est approuvé de tout le monde pendant la vie des juges et des témoins ; la ville de Loudun s'applaudit d'être délivrée d'un tel monstre, et personne ne réclame contre ce jugement.

Cependant, (le croirait-on ?) trente-neuf ans après l'exécution de ce jugement, et lorsque tous les juges et les témoins sont morts, un protestant ose avancer calomnieusement et sans aucune preuve que cette sentence est inique, et on l'en croirait sur sa parole !..

Nous connaissons suffisamment quels sont ceux dont Aubin noircit d'une façon si indigne la mémoire : il s'agit maintenant de voir quel est (selon lui-même), le personnage dont il entreprend la justification.

« Grandier — selon Aubin, — était doux et civil à ses
« amis, mais fier et hautain à l'égard de ses ennemis ; il
« était jaloux de son rang ; il ne relâchait jamais rien de
« ses intérêts, repoussant les injures avec tant de vigueur
« qu'il aigrissait les esprits qu'il aurait pu gagner en
« prenant d'autres voies. Cependant, il était exposé à

« beaucoup d'ennemis : ses hauteurs lui en avaient sus-
« cité un grand nombre ; et le penchant extraordininaire
« qu'il avait à la galanterie lui en avait encore bien plus
« fait. Ce n'étaient pas seulement des rivaux qu'il avait
« à craindre, mais c'étaient des pères et des maris, ou-
« trés et furieux de la mauvaise réputation que ses fré-
« quentes visites attiraient sur leurs familles (1). »

Passons maintenant après la sentence d'absolution qu'il sut obtenir de l'archevêque de Bordeaux.

« L'archevêque, considérant l'animosité des ennemis
« de Grandier, et ayant de l'estime pour lui à cause de
« ses belles qualités, il lui conseilla de permuter ses bé-
« néfices et de s'éloigner d'un lieu où il s'était fait une
« si puissante conjuration contre lui. Mais il n'était pas
« capable de suivre un avis si salutaire. *La haine et*
« *l'amour* l'avaient trop aveuglé. Il haïssait ses ennemis
« avec trop de passion pour les satisfaire en ce point.
« Mais il était encore plus *violemment possédé par l'a-*
« *mour ;* et quoique cet amour se partageât souvent
« entre *différents objets*, il y en avait un néanmoins qui
« était *le véritable objet de sa tendresse*, auquel son cœur
« tenait par des liens si forts, que bien loin qu'il lui fût
« possible de les rompre, ils ne le laissaient pas même
« en état de pouvoir s'en éloigner. Il retourna donc à
« Loudun, une branche de laurier à la main, pour mar-
« que de sa victoire. Les honnêtes gens furent scanda-
« lisés de cette conduite si peu modeste : ses ennemis
« en furent outrés, et ses propres amis la désapprouvè-
« rent. Il reprit possession de ses bénéfices, et à peine

(1) Aubin, p. 10 et 11.

« se donna-t-il le loisir de respirer que, tout rempli du
« ressentiment de l'outrage qui lui avait été fait par du
« Thibaut, il se pourvut contre lui et le poussa si bien
« qu'il obtint un arrêt à la chambre de la Tournelle, où
« du Thibaut fut mandé et blâmé tête nue et condamné
« à diverses amendes et réparations et aux frais du
« procès.

« Grandier ne se contenta pas d'avoir tiré raison de
« cette affaire : il résolut de porter sa vengeance aussi
« loin qu'il pouvait juridiquement le faire et se prépara
« à faire appeler à la cour ses parties secrètes pour ses
« réparations, dommages et intérêts et pour la restitu-
« tion des fruits de ses bénéfices, au désir de la
« sentence de l'archevêque de Bordeaux. Ce fut en
« vain que ses principaux amis voulurent l'en dis-
« suader par la considération de ce qui lui était déjà
« arrivé, qui devait bien lui faire connaître de quoi ses
« ennemis étaient capables, s'il entreprenait de les
« pousser à bout en toutes manières et d'intéresser leurs
« bourses, à quoi ils ne seraient pas moins sensibles
« qu'ils avaient paru l'être à ce qui regardait leur répu-
« tation. Mais son étoile l'entraînait au précipice. La
« Providence, dont les ressorts sont impénétrables, vou-
« lait le punir de son orgueil et de ses débau-
« ches, etc. (1). »

Tel était l'honnête homme qu'Aubin a cru devoir justifier aux dépens de la réputation de tant de personnages
distingués par leur mérite et leurs dignités dans l'Eglise
et dans l'Etat.

(1) Aubin, p. 22 et 23.

Grandier était le plus scandaleux et le plus dangereux de tous les hommes ; cependant, son apologiste n'en est pas moins hardi à soutenir que « c'est un innocent op-
« primé par l'injustice, et dont le sang a crié longtemps
« vengeance et la crie peut-être encore aujour-
« d'hui (1). »

Nous venons de voir le portrait de Grandier peint de la main d'un ami, voyons-le maintenant tel que l'ont présenté ses accusateurs.

« Quant à la preuve par témoins, — lit-on dans Au-
« bin, — elle résulte de deux informations. La première
« est composée de soixante témoins non valablement re-
« prochés, qui déposent des adultères, incestes, sacri-
« léges et autres impiétés commises par l'accusé même
« ès-lieux les plus secrets de son église, comme dans la
« sacristie, proche du Saint-Sacrement, à tous jours, à
« toutes heures et à tous moments... Il est vrai que par
« sentence du présidial de Poitiers il avait été renvoyé
« jusqu'à nouveau mandement d'une accusation qui
« avait été formée sur ces mêmes faits. Mais, outre que
« cette sentence n'était pas définitive, il paraissait cou-
« pable de quantité de récidives qui le rendaient encore
« plus coupable (2)... »

Les magistrats chargés du bon ordre et du soin des bonnes mœurs sont-ils donc injustes et criminels pour avoir arrêté un scandale si affreux ? Et les ecclésiastiques qui avaient tant soit peu de zèle pour la maison de Dieu, pour l'édification du prochain et pour l'honneur de

(1) Id. Cf. p. 151 et 317.
(2) Id. p. 175, extrait des preuves au procès, article 3.

leur état, pouvaient-ils se dispenser d'implorer contre un pareil désordre le secours du bras séculier ?

Nous l'avons déjà dit et nous allons le prouver, le procès de Grandier — qu'en somme personne ne pouvait plaindre et que toute une ville savait coupable des plus énormes crimes, — ce procès fut le prétexte d'accusations passionnées et aveugles contre le grand homme d'Etat de cette époque ; on a nommé le cardinal de Richelieu.

Voici comment Aubin s'y prend pour faire entrer en scène ce ministre et expliquer le rôle odieux qu'il veut qu'il ait joué dans toute cette affaire : « Il s'agissait de « chercher des moyens par lesquels on pût engager le « cardinal à concourir à leurs desseins par quelque in- « térêt qui le touchât en particulier. Ils n'en manquè- « rent pas ; car, de quels prétextes ne se servent point « la mauvaise foi, la vengeance et la haine, et que ne « seraient-elles point capables d'inventer et de décou- « vrir (1) ! »

Croit-on qu'il fallut mettre en jeu tant de ressorts pour faire agir le cardinal de Richelieu dans cette affaire ? On ne fait donc pas réflexion qu'il était premier ministre et gouvernait l'Etat. Et, c'est par cette raison, diront les partisans quand même de Grandier, que nous trouvons plus de vraisemblance à croire qu'il fallait quelque intérêt personnel (2) pour l'y déterminer. Car, sans ce motif,

---

(1) Aubin, p. 78.
(2) Aubin fait allusion au pamphlet intitulé : *La Cordonnière de Loudun*, attribué à Urbain Grandier.

comment, au milieu de tant de grandes affaires, aurait-il pu descendre à un objet aussi petit que celui-ci ?

« Comment donc ? riposte la Ménardaye (1), est-ce que les mœurs et le bon ordre public sont de petits objets pour un ministre d'Etat ? Vous ne regardez donc comme de grands objets que la paix, la guerre, les alliances et les choses de ce genre ?.. Le principal objet d'un ministre d'Etat est d'y faire régner la justice, la paix et l'abondance. C'est le seul moyen de le rendre heureux et florissant. Car, l'inondation des vices est la source de la misère et de la désolation des Etats. En effet, que pourrait la plus sage politique au milieu d'une multitude d'hommes vicieux, libertins et indisciplinables, toujours attentifs à éluder les lois pour mettre leurs passions plus au large et à croiser les mesures les plus utiles au bien public. Ainsi, toute la sagesse du ministère doit aller avant tout à faire régner l'ordre et les bonnes mœurs.

« Ce principe posé, trouvez-vous qu'il n'y eût pas dans cette affaire de quoi attirer l'attention de ce grand ministre dont les vues étaient également sages et étendues et à la prudence duquel rien ne pouvait échapper ? »

Mais, objectera-t-on peut-être, ne suffisait-il point que la justice ordinaire poursuivit Grandier, surtout étant appuyée de l'autorité de la cour, sans en ordonner une commission extraordinaire ?

« Soit ; mais cette protection spéciale de la cour aurait-elle paré à tous les inconvénients ? Le cardinal n'eût-il pas été également en butte à la calomnie des Protes-

---

(1) P. 48 et 49.

tants, si Grandier eût succombé? Et s'il s'en fût tiré, quel essor son orgueil et sa vengeance n'eussent-ils pas pris aussi bien que ses débauches? Je dis plus, et l'on ne saurait le contester : c'est là un de ces cas où la justice des princes doit le plus s'intéresser.

« Voici un prêtre, un curé dont la vie est un scandale public et le plus impudent qui fût jamais, de l'aveu même de notre historien (1), jusqu'à s'insinuer dans les maisons, malgré les pères de famille, pour y séduire la jeunesse du sexe et commettre toutes sortes de crimes dans son église ; d'un autre côté, son audace se porte à toute sorte d'excès. Il attente sur l'autorité de son évêque et donne des dispenses de proclamations de mariage (2). Il méprise publiquement dans ses prédications les autres prédicateurs : il traite comme des misérables ceux qui lui sont contraires, il les pousse à bout par ses paroles outrageuses, par ses débauches qui déshonorent leurs familles et par tous les artifices de la chicane, pour en imposer à la justice dont il fait exécuter avec rigueur les sentences, afin d'intimider ceux qui voudraient l'entreprendre dans la suite. Ainsi il les insulte tous afin de pouvoir tous les récuser pour juges et pour témoins ; il fait face à tout, il triomphe de tout : il élude la justice épiscopale, résiste à la séculière, surprend celle de l'archevêque métropolitain et en obtient une sentence d'absolution ; et, malgré ce torrent d'iniquités, il ne laisse pas d'avoir des partisans parmi les magistrats ; toute une ville est partagée à son sujet, les esprits s'échauf-

---

(1) Aubin.
(2) Ibid.

fent et s'animent pour et contre lui : enfin le bruit en devient si grand qu'il vole jusqu'à la cour; la reine-mère envoie M. Marescot, l'un de ses aumôniers, pour examiner la vérité des possessions et lui en rendre compte. Cependant, chose étonnante ! le cardinal-ministre ne songe point encore à cette affaire : ce n'est qu'un an après, lorsqu'il vient à apprendre que ce malheureux curé a allumé le feu dans cette ville et mis le trouble dans tous les esprits, qu'il songe à user des remèdes extraordinaires de l'autorité royale pour arrêter le cours d'un mal si dangereux.

« Or, je demande à tout homme sensé et équitable s'il était besoin d'autre motif que celui d'un devoir indispensable, et si un ministre tel que le cardinal pouvait avec honneur n'y point faire attention ? si le roi lui-même, dont la justice formait le principal caractère, n'aura pas ordonné au cardinal de mettre fin à une affaire si criante et si le ministre ne devait pas employer les remèdes convenables (1) ? »

C'est donc une insigne mauvaise foi à Aubin de substituer à des vues si importantes un objet aussi petit pour le cardinal que de songer à se venger des offenses que Grandier lui aurait faites, supposé encore que cet écrivain n'ait point inventé des offenses qui n'existèrent jamais. Du nombre de ses prétendues offenses il faut mettre le pamphlet attribué à Grandier, qui a pour titre : *La cordonnière de Loudun*. « Les contemporains — dit Leber (2), — ont attribué ce libelle, les uns au marquis

(1) La Ménardaye, p. 49-51.
(2) Catalogue, tome II, p. 299.

de Soret, d'autres en plus grand nombre à Urbain Grandier... Rien ne prouve que le curé de Loudun ait composé la satire qu'on lui attribuait dans le monde, et *il est fort douteux qu'on l'ait condamné pour l'avoir faite* (1). »

« On assure dans les Mémoires de M. d'Artagnan, — dit Bayle (2), — que Grandier fut l'une des *malheureuses victimes* du cardinal de Richelieu (3). Les mémoires qu'on a publiés sous le nom de M. d'Artagnan sont supposés depuis le commencement jusqu'à la fin : ils viennent de la même main que ceux de M. le comte de Rochefort (4). »

---

(1) C'est l'avis de M. V. Fournel, dans son article GRANDIER, de la Biographie générale, tome XXI, col. 646, (1857). Lécuy, même article, dans la Biographie universelle, tome XXVIII, (1817), ne parle pas de ce pamphlet.

(2) Dictionnaire critique, article *Loudun*.

(3) Mém. de d'Artagnan, p. 160 et suiv. de l'édition de 1700.

(4) L'auteur des prétendus Mémoires de d'Artagnan est Gatien de Courtilz de Sandraz, ancien capitaine au régiment de Champagne, (né en 1644, mort en 1712). Dans le loisir que lui procura la paix de Nimègue (1678), il composa plusieurs ouvrages, qu'en 1683 il alla faire imprimer en Hollande. Presque tous ses ouvrages portent un nom célèbre ou du moins remarquable et sont donnés comme des mémoires de contemporains. Ce sont des romans historiques, et rien n'est plus dangereux que la lecture de pareils livres, quand même on les lirait avec précaution, parce que ce mélange de faux et de vrai trouble l'esprit ; on se charge la mémoire de faits, ou faux, ou douteux, et quelque temps après on oublie dans quelle source on les a puisés, et l'on regarde ces

Certes, Bayle ne peut être suspecté de partialité à l'égard de Richelieu. Concluons donc, avec la Ménardaye (1), que « la vengeance du cardinal de Richelieu est une phrase triviale, qui ne sied point à un homme éclairé et de bonne foi. »

On ne peut mieux apprécier le caractère de l'illustre ministre, et, à la distance de plus d'un siècle, de nos jours, un des hommes qui ont étudié à fond ce grand politique, M. Avenel (2), a réuni, en quelques pages pleines d'aperçus sagaces, les traits sincères de la physionomie de Richelieu. Des citations corroboreront, de tous points, les assertions de la Ménardaye.

D'abord évêque de Luçon, les quatre petites harangues prononcées par Richelieu en arrivant dans son évêché, le présentent sous un aspect assez curieux. Il demande à tous de la bienveillance et de l'affection ;

---

mêmes faits comme véritables. *Les Mémoires de M. d'Artagnan, capitaine lieutenant de la première compagnie des mousquetaires du roi, contenant plusieurs choses secrètes, arrivées sous le règne de Louis-le-Grand,* etc. (Cologne, 1700, 3 vol. in-12.) C'est à l'occasion de ce livre que Bayle, sans nommer l'auteur, l'appelle « un homme qui débite ses fictions et qui les place sans aucun égard à la bonne chronologie. » C. Bayle, Dictionn. hist. crit., article *Schomberg* (Ch. de), et Beuchot, article *Courtilz de Sandras*, dans la Biog. univ. tome X, p. 114-117, (1813).

(1) P. 55.

(2) Lettres, instructions diplomatiques et papiers d'Etat du cardinal de Richelieu, etc. (8 vol. in-4, dans la Collection de documents inédits sur l'histoire de France, etc., 1853-1877.)

quelques-uns ont nourri contre lui d'anciennes inimitiés, il les conjure de les oublier ; il faut que l'on dise d'eux ce que, dans l'Eglise naissante, on disait de tous les chrétiens : *Cor unum et anima una* (1). Il les convie surtout à la tolérance : « Si plusieurs, dit-il, sont désunis d'avec
« nous quant à la croyance (2), je souhaite, en revanche,
« que nous soyons unis d'affection (3)... »

« Richelieu fut à Luçon un évêque sérieux, appliqué, exemplaire. Il gouverna son diocèse en pasteur chrétien ainsi qu'en administrateur vigilant, et non moins attentif au soin des intérêts temporels de l'évêque qu'à la direction religieuse des diocésains.

« A peine est-il arrivé qu'il commence ses visites pastorales. Durant plus d'un demi-siècle que Luçon n'avait pas vu résider son évêque, la religion réformée gagnait incessamment du terrain ; il appelle tous les secours spirituels à son aide pour réparer les ruines des mœurs catholiques, *«pour y avancer la gloire de Dieu,»* selon son expression. Il exhorte les religieux de son voisinage à porter par tout son diocèse la parole de Jésus-Christ... Mais c'est surtout le choix des curés qui excite toute sa sollicitude. Ce sont là les véritables compagnons de son labeur évangélique ; il veut qu'ils soient pieux et instruits ; il met au concours les cures qui sont à sa collation, et il résiste énergiquement aux personnes qui usent de leur

---

(1) Un seul cœur et une seule âme.

(2) Le diocèse de Luçon renfermait, à cette époque, un assez grand nombre de Protestants.

(3) Avenel, Introduction au tome I, p. LX.

droit de présentation en faveur de candidats peu dignes « *de conduire un troupeau si cher à Jésus-Christ.* »

« La charité du pasteur des âmes ne néglige pas le bien-être de ses ouailles ; on le voit supplier continuellement de diminuer les tailles, d'alléger les charges qui accablent ce pauvre peuple, ce malheureux bourg. Il use de son autorité morale pour maintenir entre tous la concorde et la bonne intelligence. A peine est-il instruit de quelque démêlé qu'il s'entremet pour prévenir toute fâcheuse contestation, toute funeste issue, et parfois il réussit à arranger les procès et à pacifier les duels (1)...

« Le jeune évêque qui administre le diocèse de Luçon a, toute proportion gardée, la décision et l'autorité qu'aura plus tard le cardinal qui gouvernera le royaume. Sa fermeté, encore tempérée par l'expression, est néanmoins très-nettement marquée... Ses lettres sont remplies d'idées élevées, des principes de l'équité la plus exacte, d'une bienveillance habituelle... Il loue avec effusion et comme trouvant du plaisir à louer...

« Quant aux reproches, il en a toujours été très-sobre, et, malgré la sévérité connue de son caractère, il se déchargeait volontiers sur les secrétaires d'Etat du soin des paroles fâcheuses...

« S'il se décide enfin à gourmander quelqu'un, sa réprimande est ordinairement douce et polie, assaisonnée de compliments et de paroles gracieuses, propres à en tempérer la sévérité (2)...»

---

(1) Avenel, Ibid. p. 92 et 93.
(2) Avenel, Ibid. p. 93-95.

Tel était Richelieu évêque, tel il resta jusqu'à la fin, dans le poste éminent et difficile d'homme d'Etat.

Revenons à Urbain Grandier, et voyons quelle dut être, quelle fut la conduite de Richelieu à son égard dans toute cette triste affaire.

Il est bien établi, pour Aubin, que les mauvaises mœurs et l'esprit vindicatif de Grandier lui suscitèrent ses premiers embarras et que l'accusation de magie venue ensuite précéda d'un an la recherche que Laubardemont en fit par ordre du cardinal-ministre. Donc, en premier lieu, il est absurde et calomnieux de dire que c'est la vengeance du cardinal qui a suscité toute cette affaire à Grandier, comme on l'a tant de fois dit et écrit. Il est encore constant, par le même auteur, que l'indignation de la ville de Loudun contre Grandier était fondée tout d'abord sur la vie scandaleuse de ce curé, qui méritait le châtiment réservé aux sacriléges, indépendamment de tout autre crime ; qu'outre cela, l'esprit violent de Grandier, qui poussait à outrance ses ennemis, et l'artifice de sa chicane, qui le rendait le maître des affaires qu'il avait contre eux, le faisaient regarder avec justice comme un tyran, un oppresseur du public. Donc, en second lieu, il est de la dernière évidence qu'on ne s'est attaché par préférence au crime de magie et qu'on n'en a fait le fort de la procédure contre Grandier que lorsqu'on a vu cette accusation prouvée invinciblement.

Tout cela sans doute ne paraît, au premier abord, qu'une récapitulation ; mais, la conséquence que l'on en peut tirer nous paraît nécessaire ; on en va juger. Des gens irrités par des motifs si pressants, ou plutôt si *envenimés*, selon Aubin, ont nécessairement pris le parti qui pouvait le mieux assurer le châtiment du coupable, ou, si l'on veut, satisfaire leur vengeance, c'est-à-dire, lui donner une plus grande apparence de justice et les délivrer plus promptement du sujet odieux qui l'excitait. Or, ils avaient entre les mains un moyen qui devait, à leurs yeux, l'emporter sur tout autre, nous voulons dire *les débauches de Grandier*, parce qu'elles avaient déshonoré leurs familles, que toute la ville en était imbue, qu'on avait soixante témoins sur ce chef d'accusation, que, même les preuves de ce chef supposées insuffisantes, rien n'était plus aisé avec les témoins *gagnés* à force d'argent, selon Aubin, que de rendre parfaite la conviction du criminel, enfin parce que la procédure en devait être assez expéditive ; ce moyen était donc le plus court, le plus simple et le plus spécieux. Cependant, au lieu de s'y attacher uniquement, nous voyons que l'accusation de magie fait le fond même de l'affaire, le fort de la condamnation de Grandier et de sa sentence de mort.

Il faut donc nécessairement, ou croire, d'après Aubin, que la passion, partout si éclairée sur tout ce qui la peut mener à son but, a préféré ici le chemin le plus détourné, le plus long, le plus difficile, le plus absurde et en même temps le plus inutile ; puisque, selon son libelle, c'était *un artifice grossier*, qui n'en imposait à presque personne. En un mot, à moins de rester dans une entière suspension de jugement, il faut croire que l'on s'est arrêté par préférence à une accusation qui jetait le ridicule le plus outré sur la chose du monde qu'on avait le plus à cœur de rendre sérieuse, ou bien il faut croire que cette accusation de magie était portée jusqu'à une conviction parfaite. Il n'y a pas de milieu entre ces deux extrémités.

Donc, rien n'était plus réel que les possessions de Loudun et le crime de magie dans Grandier (1).

Encore un mot. Aubin (2) ose avancer que le Récollet Lactance et les Capucins firent, dans la question à laquelle Grandier fut soumis, l'office de bourreaux. Rien n'est plus absurde ; c'est là une imposture des plus grossières. C'est qu'Aubin ignorait que tout prêtre qui s'arroge l'emploi de bourreau demeure suspendu de toutes ses fonctions, outre que ç'eût été un scandale que nul catholique n'eût pu supporter et que la religion même obligeait de punir.

Par conséquent, il eût été encore plus odieux à toute cette foule, qui assista au supplice de Grandier, de voir — comme le dit Aubin (3), — le père Lactance mettre le feu au bûcher qui consuma ce grand criminel. Mais, ce qu'il y a de plus audacieux, c'est le récit suivant fait par le même Aubin, à qui les absurdités coûtent peu : « Le lieutenant du prévôt avait promis à Grandier deux « choses, en présence des moines : la première, qu'il au- « rait quelque temps pour parler au peuple et, la seconde, « qu'on le ferait étrangler avant que d'allumer le feu. « Voici les voies que prirent les exorcistes pour empê- « cher l'effet de l'une et de l'autre de ces promesses. « Lorsqu'ils connurent qu'il se disposait à parler au peu- « ple, ils lui jetèrent une si grande quantité d'eau bénite « sur le visage qu'il en fut accablé, et voyant qu'il ou-

---

(1) La Ménardaye, p. 175-177.
(2) P. 163.
(3) P. 169 et 170.

« vrait la bouche encore une seconde fois, il y en eut un
« qui alla le baiser pour étouffer ses paroles. Il reconnut
« l'artifice et lui dit : « Voilà un baiser de Judas. » Sur
« quoi leur dépit monta à un si haut point qu'ils le frap-
« pèrent plusieurs fois au visage d'un crucifix de fer
« qu'ils lui présentaient, comme s'ils eussent voulu le
« lui faire baiser (1). »

Qui pourra jamais croire qu'en présence de toute une ville, à la vue de tant de magistrats, et sous les yeux d'une multitude de protestants, l'un des exorcistes aura été embrasser Grandier pour l'empêcher de parler et puis qu'il l'aura frappé plusieurs fois, et au visage encore, avec un crucifix de fer et, ce qu'il y a de miraculeux, sans le lui mettre en sang !

Et pour rendre la chose plus touchante, Aubin a forgé un crucifix de fer dans son imagination. Un autre historien de même aloi — pour enchérir encore sur ce pathétique burlesque, — avance que ce crucifix était rougi au feu ; mais avec quelles mains le tenait-on ? C'est ce qu'il a oublié de nous dire, et A. de Vigny aussi. Tant il est vrai qu'il n'est point d'absurdité si énorme dans ce genre qui ne soit bien reçue des gens qu'aveugle la passion !

En somme, Aubin se défie tellement de la cause d'Urbain Grandier, que, pour donner un fondement à la prétendue innocence de son client, il est obligé d'amener la vengeance de Richelieu contre le curé de Loudun. Il satisfaisait ainsi la haine que les Protestants, au milieu

---

(1) Aubin, p. 168 et 169.

desquels il vivait en Hollande, avaient pour ce grand homme d'Etat.

« Oui, — dit la Ménardaye, dans une page excellente (1), — d'un côté, le parti calviniste, ennemi de l'autorité royale et déchaîné contre l'Eglise et, de l'autre, beaucoup de grands seigneurs, s'en rendaient indépendants et entraînaient dans la révolte des villes considérables et des provinces entières. Ces deux sources des misères de l'Etat, que ce grand ministre a taries, furent aussi l'origine de tous les mauvais bruits qu'on a fait courir sur son compte. Il ruina le Calvinisme et abaissa les chefs de la révolte, deux services dont la France lui aura d'éternelles obligations. Et, pour récompense, il a vu noircir sa réputation par toutes sortes de calomnies et attaquer sa vie par des conjurations qui renaissaient sans cesse l'une de l'autre. N'est-ce pas là faire du bien aux hommes à ses dépens et malgré eux ? Tel était le caractère de ce défenseur de l'Eglise et de l'Etat. »

On a dit que c'était ce qui l'avait rendu vindicatif. Or, un vindicatif est un homme qui se venge pour se venger. Est-il rien qui marque davantage la petitesse du génie et la bassesse du cœur ? Un aussi grand homme savait toujours de qui, pourquoi et jusqu'où il devait se venger. Et, après tout, se venger est une expression équivoque, fausse et qui ne convient point ici. Le cardinal de Richelieu gouvernait l'Etat ; mais, sa vie était sans cesse en péril. Il a, je le veux, répandu beaucoup de sang. Eh bien ! est-ce là être vindicatif ? Etait-il possible autrement

---

(1) P. 54 et 55.

de sauver la religion et l'autorité royale, qu'en réprimant des grands qui ne cessaient d'attenter contre l'une et l'autre puissance, et qu'en faisant des exemples de temps en temps? Voilà ce que toute la mauvaise foi des plaintes qu'on fait contre ce grand homme n'empêchera jamais d'apercevoir. »

Lui-même l'a dit, à l'heure où la parole de l'homme n'a plus qu'un langage, car c'est à Dieu qu'elle parle : « Je n'ai jamais eu d'autres ennemis que ceux de l'Etat (1). »

---

(1) Avenel, *Ibid. et sup.* p. 89. Cs. la sixième série des *Erreurs et Mensonges hist.* p. 211-233 (Le caractère de Richelieu) et la huitième série, p. 260-281 (La conspiration de Cinq-Mars).

OMAR A-T-IL FAIT BRULER LA BIBLIOTHÈQUE D'ALEXANDRIE ?

Il n'est peut être pas de mine plus féconde en erreurs et en mensonges que les recueils de biographies, vastes compilations souvent fort mal digérées, où les contradictions abondent, faute d'ordre logique dans l'arrangement des matières ; rien, d'ailleurs, n'étant plus absurde que le système alphabétique qui rapproche les noms les plus étranges et fait se coudoyer les anecdotes les plus hétéroclites, de façon que, de distance en distance, telle notion sur tel personnage est contredite peu après par une notion toute différente sur le même individu, — ce qui tient à la variété des rédacteurs de ces sortes de recueils et aussi à la confusion d'idées et de points de vue que suppose et réalise un amalgame de ce genre, vraie tour de Babel.

Les biographies *universelles* ou *générales*, comme on voudra les intituler, ne sont d'un touchant accord que sur l'article des erreurs et des mensonges qu'elles s'empruntent, en bonnes sœurs, les unes aux autres, et dont elles perpétuent ainsi la race, aussi difficile à détruire, que la fameuse hydre de Lerne, un des douze glorieux travaux d'Hercule.

Exemple, Omar, le calife ou vicaire du prophète de l'Islam, toujours qualifié de *farouche* dans les biographies, pour le seul fait (à sa charge) de l'incendie de la célèbre et immense bibliothèque d'Alexandrie.

Voici un échantillon de la manière dont ce fait est narré par les deux principaux recueils-biographies que notre siècle ait produits en France.

Biographie universelle Michaud : « On a reproché à Omar d'avoir ordonné à son lieutenant d'incendier la fameuse bibliothèque d'Alexandrie, comme inutile, si les volumes qu'elle contenait s'accordaient avec le Coran, et comme dangereuse, s'ils étaient contraires à ce livre divin. Ce fait, contesté de nos jours, ne paraît malheureusement plus être un problème historique ; mais il faut moins en accuser le caractère d'Omar que les mœurs du siècle d'ignorance et d'enthousiasme religieux où il vivait. N'avons-nous pas vu, dans le dix-huitième siècle, un peuple civilisé livrer à la destruction les derniers restes des littératures tartare et thibétaine conservés dans la bibliothèque d'Ablaïkit(1) ? »

Et d'un. L'auteur de cet article, M. H. Audiffret, en 1822, en dépit des inscriptions en faux contre le prétendu vandalisme d'Omar, déclare que la cause est jugée, et qu'il n'est plus besoin d'entendre aucun témoin à dé-

---

(1) Biographie universelle (Michaud), article *Omar*, de M. H. Audiffret.

charge, d'où exécution sommaire du trop célèbre calife, jugé et exécuté à la turque, c'est-à-dire sommairement. Omar — que l'on remarque la logique de ce raisonnement et sa conclusion impérieuse, — Omar n'a pas dû agir autrement qu'il l'a fait ; la fatalité voulait qu'il brûlât la bibliothèque d'Alexandrie ; *c'était écrit.* N'est-ce pas se montrer plus fataliste que les Musulmans mêmes ? Et ceci, qu'en pense-t-on ? Un peuple civilisé ayant, au siècle dernier, brûlé la bibliothèque d'Ablaikit, comment ne pas admettre indubitablement qu'Omar, au septième siècle, ait livré aux flammes celle d'Alexandrie ?

Vingt-deux ans après (1) cette conclusion ainsi formulée de cette façon cavalière, survient l'éditeur de la biographie Feller, qui tranche carrément la question, en disant : « C'est dans cette guerre que fut brûlée la fameuse bibliothèque d'Alexandrie, » et le reste, à l'avenant selon la formule.

Arrive à la rescousse la biographie générale Didot (2), qui consacre le fait, en le mettant au rang d'exception : « En général (dit-elle), les Arabes se conduisirent avec modération et ne commirent pas de dégâts inutiles. Sur un seul point ils firent au fanatisme religieux un sacrifice qui a laissé sur le nom d'Omar une tache ineffaçable.

« Reinhard a réuni, après beaucoup d'autres, toutes les raisons qui peuvent faire douter du fait, dans une dissertation allemande publiée à Gœttingue, en 1792.

---

(1) En 1844.
(2) En 1862.

Sainte-Croix a rassemblé les mêmes témoignages dans un article du *Magasin encyclopédique*, an V, tome IV, p. 433.»

Ceci est doublement grave. Comment, vous reconnaissez que les Arabes se conduisirent avec modération, et, concluant cependant du général au particulier, vous jetez sur le plus célèbre d'entre eux le grief d'exception, en un cas aussi grave ?.. Puis, à quoi sert à l'auteur dudit article d'avoir connu des témoignages à décharge d'un tel fait, puisqu'il n'a pas voulu les entendre ? Que dirait-on d'un tribunal qui refuserait de rendre justice à un prévenu, sous le prétexte que le dossier de son affaire est trop abondant en pièces qui l'innocentent ? Avec un tel système de parti pris, la justice ne serait plus qu'une effroyable dérision.

Enfin, le Grand Dictionnaire universel du XIXe siècle, en ces dernières années, il y a cinq ans (1), maintient la sentence portée par ses devanciers contre Omar ; c'est pour lui un fait acquis, un titre ayant force de loi et contre lequel il n'est plus d'appel possible, sinon de la part de quelque esprit excentrique, sorte de don Quichotte : « Au nom d'Omar est resté attaché le souvenir de la destruction de la fameuse bibliothèque d'Alexandrie... Le nom d'Omar est resté synonyme de conquérant incendiaire, qui marque son passage par la destruction des produits et des chefs-d'œuvre de la civilisation. »

Et pour que le mensonge reçût, de nos jours, sa plus solennelle consécration — en 1857, M. Ch. Dupin, rendant compte à l'Académie des Sciences des mémoires

(1) En 1874.

de MM. Linant-Bey, Paulin Talabot, etc., sur le canal maritime de Suez, écrivait : « Omar, le compagnon de Mahomet, ayant conquis la vallée du Nil, son lieutenant Amrou lui présenta l'idée d'un canal direct de Suez à Peluze... Mais, ajoutait M. Dupin, un conquérant ignare qui brûlait la bibliothèque d'Alexandrie, cet esprit borné n'était pas fait pour comprendre une si grande idée. »

« Or, — comme le dit très bien M. Ed. Fournier (1) — Omar ne conquit pas la vallée du Nil, Amrou ne lui présenta pas le plan d'un canal, puisque ce canal existait déjà, et qu'il n'y eut besoin que de le nettoyer, ce qu'Amrou fit faire en effet ; Omar enfin ne brûla pas la bibliothèque d'Alexandrie. En tout cela, c'est la plus grosse erreur ; et il n'est pas pardonnable à un académicien de l'avoir répétée. »

Mais, il est un dernier trait de ce récit mensonger, qui est le comble de l'invraisemblance et suffirait à faire douter du récit lui-même tout entier. Selon l'académicien Le Beau (2) : « Amrou fit distribuer la bibliothèque (3) dans les bains d'Alexandrie ; on ajoute qu'elle fut suffisante pour les chauffer pendant six mois. Mais cette partie du récit d'Abulfarage est évidemment fausse et hors de toute vraisemblance : ce qui ne suffit pas, à mon avis, pour rejeter le récit tout entier, comme le veut M. Assémani. Les raisons de ce savant critique

---

(1) L'Esprit dans l'histoire, 3ᵉ édit. 1867, p. 15, note 2.

(2) Histoire du Bas-Empire (édit. in-12, de 1768), tome XII, p. 488 et 489.

(3) Selon Le Beau, (*Ibid. ut sup.*) cette bibliothèque contenait plus de 300,000 volumes.

même ne me semblent pas assez convaincantes pour contredire une tradition aussi générale qu'elle est ancienne. »

Cette conclusion pèche essentiellement par la logique ; car, de l'ancienneté d'une fable on ne peut évidemment tirer sa vérité. D'ailleurs, comme nous le prouverons tout à l'heure, cette tradition d'un fait du VIIe siècle ne repose que sur un témoignage du XIIIe ; à une si longue distance de l'événement, comment Abulfarage (car, c'est de lui qu'il s'agit ici,) a-t-il pu être informé — au XIIIe siècle, époque où il vivait, — de ce qui s'était passé au VIIe ? Il n'y a pas moyen de sortir de ce dilemme.

Heyne (1), Renaudot (2) et Gibbon (3) (un allemand, un français et un anglais, trois savants de pays différents, chose à remarquer !) avaient, aux deux derniers siècles, justifié Omar de cet acte de vandalisme. Gibbon, au dix-huitième siècle, ayant parfaitement résumé ses deux devanciers, en corroborant les preuves déjà fournies par eux, c'est à lui que nous croyons devoir donner ici-même la parole.

« Je tromperais l'attente du lecteur, si je ne parlais pas de la bibliothèque d'Alexandrie, d'après la description du savant Abulpharadge. Amrou avait un esprit plus curieux et plus noble que celui des autres musulmans, et dans ses heures de loisir il se plaisait à converser avec Jean, qui était le dernier des disciples d'Ammonius, et qu'une étude assidue de la grammaire et de la philoso-

---

(1) Opuscula academica, tome I, p. 129, et tome VI, p. 438.
(2) Hist. Alex. patriarch. p. 170.
(3) Histoire de la décadence et de la chute de l'Empire romain, (édit. du Panthéon, litt. 1838,) tome II, p. 471-473.

phie avait fait surnommer *Philoponus* (1). Enhardi par cette familiarité, Philoponus osa solliciter une grâce à laquelle il pensait que les barbares ne mettraient aucun prix; il demanda la bibliothèque royale... Amrou était disposé à satisfaire le grammairien ; mais sa scrupuleuse intégrité ne voulait pas aliéner la moindre chose sans l'aveu du calife; et l'ignorance du fanatique a pu seule dicter cette réponse d'Omar, qu'on a citée si souvent : « Si les écrits des Grecs sont d'accord avec le Coran, ils sont inutiles, et il ne faut pas les garder; s'ils contrarient les assertions du livre divin, ils sont dangereux et on doit les brûler. » On ajoute qu'on exécuta cet arrêt avec une aveugle soumission; que les volumes en papier ou en parchemin furent distribués aux quatre mille bains de la ville, et que le nombre en était si grand, que six mois suffirent à peine pour les consumer tous. »

« Depuis qu'on a publié une version latine des Dynasties d'Abulpharage(2), on a répété ce conte dix mille fois, et tous ceux qui aiment les lettres ont déploré avec une sainte indignation la perte que firent en cette occasion la littérature et les arts. Quant à moi, — dit Gibbon, — je suis bien tenté de nier l'ordre du calife et les suites qu'on lui attribue. Sans doute ce fait est étonnant: « Ecoutez et soyez surpris, » dit l'historien lui-même (3); et l'assertion d'un étranger, qui écrivait six siècles après sur les confins de la Médie, est contrebalancée par le silence de deux annalistes d'une époque antérieure, tous les deux chré-

(1) *Amant du travail*, φιλόπονο.
(2) P. 114, vers. Pocock.
(3) *Audi quid factum sit et mirare*.

tiens, tous les deux originaires d'Egypte, et dont le plus ancien, le patriarche Eutychius, a décrit bien en détail la conquête d'Alexandrie (1).

« Le sévère décret d'Omar répugne au sens littéral et à l'esprit de la doctrine des casuistes musulmans ; ils déclarent en termes formels qu'on ne doit jamais livrer aux flammes les livres religieux des Juifs et des Chrétiens qu'on acquiert par le droit de la guerre, et qu'on peut légitimement employer à l'usage des fidèles les compositions profanes, les historiens ou les poëtes, les médecins ou les philosophes (2). Il faut peut-être attribuer aux premiers successeurs de Mahomet un fanatisme plus destructeur ; et même, dans ce cas, ils durent anéantir peu de livres, car ils en connaissaient fort peu.

« Je ne récapitulerai point tous les accidents qu'éprouva la bibliothèque d'Alexandrie, le feu qu'y mit César, contre son gré, lorsqu'il se défendait (3), ou l'odieux fanatisme des chrétiens, qui s'efforçaient de détruire les monuments de l'idolâtrie (4). Mais si nous descendons ensuite du siècle des Antonins à celui de Théodose, une suite de témoignages contemporains nous apprendra que le palais

---

(1) On cherche en vain cette anecdote curieuse dans les Annales d'Eutychius et l'Histoire des Sarrasins d'Elmacin.

(2) Voyez Reland, *De jure militari Mohammedanorum*, dans son troisième volume de Dissertations, p. 37. Ils ne veulent pas qu'on brûle les livres des juifs et des chrétiens, à cause du respect qu'on doit au *nom* de Dieu.

(3) Cs. les recueils de Freinsheim (Supplément de Tite-Live, cap. XXII-XLIII), et Usher, (Annal., p. 469).

(4) On reconnaît ici le protestant imbu des préjugés de sa secte.

du roi et le temple de Sérapis ne contenaient plus les quatre ou les sept cent mille volumes qui avaient été rassemblés par le goût et la magnificence des Ptolémées (1). La métropole et la résidence des patriarches avaient peut-être une bibliothèque ; mais si les volumineux ouvrages des controversistes ariens ou monophysites chauffèrent en effet les bains publics, le philosophe avouera en souriant qu'un pareil sacrifice fut utile au genre humain. Je regrette sincèrement des bibliothèques plus précieuses qui se sont perdues au milieu des ruines de l'empire romain. Mais, lorsque je calcule de sang-froid les révolutions qu'amène le temps, les dégâts que l'ignorance se permet et enfin les calamités de la guerre, je suis plus étonné des trésors qui nous restent que de ceux que nous avons perdus... Au reste, il faut se réjouir de ce que les calamités dont je parlais il n'y a qu'un moment ont épargné les livres classiques, auxquels le suffrage de l'antiquité a donné la première place du génie et de la gloire. Ces grands maîtres avaient lu et comparé les ouvrages de leurs prédécesseurs; et il n'y a pas lieu de croire qu'une vérité importante ou une découverte utile se soit perdue. »

On ne saurait mieux dire, même en supposant qu'Omar eût fait livrer aux flammes la bibliothèque d'Alexandrie, qui devait être, au septième siècle, déjà bien

---

(1) Aulu Gelle (Nuits attiques, VI, 17), Ammien Marcellin (XXII, 16) et Orose (lib. VI, cap. xv): ils parlent tous au temps passé, et le passage d'Ammien est remarquable : *Fuerunt bibliothecæ innumerabiles ; et loquitur monumentorum veterum concinens fides*, etc.

diminuée, si même elle n'avait depuis plusieurs siècles à peu près entièrement disparu, comme le donne à entendre, d'après de graves autorités, le savant Schoell.

« Quant à la bibliothèque d'Alexandrie, — dit-il (1), — le double incendie du Brouchion, sous Jules César et sous Aurélius, et la ruine du Sérapion en 390, doivent avoir laissé peu de chose à détruire aux Arabes qui envahirent l'Egypte en 640... Amrou fit distribuer ces livres dans les bains d'Alexandrie et les fit brûler dans leurs foyers ; ils furent consumés dans l'espace de six mois. » Ce récit donne lieu à diverses observations... La célèbre bibliothèque fondée par les Ptolémées et établie au Brouchion n'existait plus depuis longtemps; celle du Sérapion, qui devait son origine à Marc-Antoine, avait été détruite ou dispersée dans les dernières années du quatrième siècle. Il est possible qu'après cette catastrophe on ait tâché de recouvrer quelques débris de ce riche dépôt et qu'ainsi il ait existé, au septième siècle, à Alexandrie, une bibliothèque publique, reste de celle de Pergame, qui formait le noyau de celle du Sérapion. Le silence de tous les écrivains des cinquième et sixième siècles sur une pareille restauration, celui des écrivains du temps, et nommément des chrétiens jusqu'au treizième siècle, sur l'ordre fanatique d'Omar, peuvent, il est vrai, faire douter de la vérité du récit de l'historien d'après lequel nous avons rapporté ce fait... L'auteur dont il s'agit est Grégoire Bar Hebraeus, plus connu sous le nom d'Abulpharadge, chrétien jacobite, né en Asie-

---

(1) Histoire de la littérature grecque, (2ᵉ édit. 1824,) tome VI, p. 11-15.

Mineure en 1226, et vers la fin de sa vie, primat des jacobites d'Orient. Cet homme a composé en syriaque une Chronique depuis la création du monde, que lui-même traduisit ensuite en arabe. C'est, non dans l'original syriaque, mais dans la traduction arabe, qu'Abulpharadge raconte l'histoire de l'incendie de la bibliothèque d'Alexandrie. Cette circonstance a fait penser au baron de Ste-Croix que l'historien avait imaginé de placer dans sa rédaction arabe un conte fait pour plaire aux musulmans, pour lesquels il écrivait, et qu'il avait sagement supprimé dans son texte syriaque. S'il en est ainsi, Abulpharadge a bien réussi à propager cette historiette ; car, il existe peu de faits historiques plus généralement connus et admis...

« Les auteurs grecs qui ont raconté la prise d'Alexandrie, le patriarche Eutychius, par exemple, ne disent pas un mot de la prétendue destruction de la bibliothèque. Le silence de cet auteur, le témoignage d'Orose, ont porté Gibbon, d'Ansse de Villoison, Heyne, Ch. Reinhard, à repousser l'opinion d'Abulpharadge.

« En résumé, — conclut Schoell, — la bibliothèque ayant été brûlée en 390, aucun témoignage historique n'attestant sa recomposition que les événements et les caractères de l'époque rendent invraisemblable, l'exagération du récit d'Abulpharadge étant évidente, on doit reléguer cette anecdote de l'incendie de la bibliothèque par l'ordre d'Omar au nombre des erreurs historiques. »

Cette conclusion est d'autant plus méritoire, d'autant plus importante de la part de Schoell qu'il a eu grand peine à y venir, et qu'il a fallu que l'évidence fût bien claire pour lui : car, selon lui, à un moment donné, même le silence d'Eutychius et des contemporains d'Omar ne détruisait pas absolument la vérité du récit d'Abulfaradge, et « les six mois pendant lesquels les livres servirent à chauffer les bains d'Alexandrie, dont on fait monter le nombre à quatre mille, sont une exagération orientale, qui seule ne suffirait pas pour faire rejeter le récit. »

Donc, en somme, cette *histoire* n'est qu'une *fable* ; mais l'examen de cette fable nous conduit tout naturellement à deux faits que l'on ne saurait révoquer en doute et dont nous sommes appelés à parler ici avec quelque détail...

D'après la fable, ci-dessus mentionnée, Omar ne voulait pas d'autres livres que *le Coran*, c'est-à-dire le code religieux des Musulmans ; donc si, au lieu de détruire les ouvrages de philosophie de ceux qu'il regardait comme des infidèles, on lui eût proposé d'anéantir, non pas un seul dépôt, mais tous les dépôts d'archives nationales de son pays, croit-on qu'il eût ordonné un tel acte de vandalisme ? Certes non. Eh bien, en France, en 1792, en un siècle de civilisation et au nom de la liberté, cet ordre fut donné et exécuté sur presque tous les points de notre territoire. Quand on aura lu le document authentique qui suit, nous espérons qu'on n'osera plus jamais répéter la fable absurde de l'incendie de la bibliothèque d'Alexandrie par les ordres d'Omar...

Une loi du 24 juin 1792 prescrivait de brûler tous les papiers qui faisaient mention des titres de noblesse. C'était proscrire en masse tous les documents de notre histoire nationale. Des ordres pour l'exécution de cette loi frénétique furent signifiés à Ropra, gardien des archives de l'ancienne province de Flandre, (à Lille.) Ropra, qui était un esprit sage, se permit d'adresser quelques représentations au ministre Garat, qui tenait alors, par intérim, le portefeuille de l'Intérieur. Voici ce que Garat lui répondit :

« Je ne vois dans les papiers de l'ancienne chambre des comptes de Lille rien à conserver que ce qui peut établir des créances de la nation envers des comptables, et cette vérification ne me paraît pas devoir exiger des recherches ni longues ni pénibles. Tous les papiers anciens et d'écriture gothique ne doivent là, comme ailleurs, être que des titres de féodalité, d'assujettissement du faible au fort et des règlements politiques heurtant presque toujours la raison, l'humanité et la justice ; je pense qu'il vaut mieux substituer à ces ridicules paperasses la *Déclaration des Droits de l'homme* : c'est le meilleur titre qu'on puisse avoir. Je vous engage donc à vous conformer à ces observations ; agir dans d'autres principes ne serait pas de votre part se montrer digne de la confiance qui a déterminé le choix que l'administration a fait de vous.

« Signé : Garat. »

En d'autres termes, c'était dire à Ropra : « On ne vous a nommé *conservateur* des archives que pour vous commander de les *détruire*. »

A cette missive étonnante où *la raison*, invoquée par Garat, est si indignement méconnue et foulée aux pieds, Ropra répondit :

« Lorsque j'ai sollicité de votre prédécesseur la place

de garde des archives de la Chambre des Comptes, c'était dans la supposition que ces archives étaient utiles à la République. Ma commission me charge de veiller à la conservation du dépôt qui m'était confié : c'est pourquoi j'ai cru pouvoir vous prévenir des dégâts que le commissaire de la comptabilité, celui du département et leurs manœuvres y avaient commis. Je vous ai observé en même temps qu'on ne devait pas prendre des aveugles pour juger des couleurs ; vous me paraissez être d'une autre opinion, puisque, sur le témoignage d'un administrateur qui ne connaît pas plus le prix des antiquités diplomatiques que le coq de la fable ne connaissait celui du diamant qu'il avait trouvé, vous décidez qu'il n'y a dans les papiers de l'ancienne Chambre des Comptes, rien à conserver et vous ordonnez la destruction de ces archives nationales, peut-être les plus intéressantes que la République possède. Je n'ai aucun moyen pour empêcher l'exécution de cette résolution meurtrière....

« J'espère, citoyen ministre, que vous voudrez bien me permettre de ne prendre aucune part à *cette opération, qui n'est comparable qu'à l'incendie d'Alexandrie*, et qui ne paraît nécessitée par aucune motif raisonnable ; car, quand il serait vrai que ces papiers anciens et gothiques ne seraient que des titres de féodalité, d'assujettissement du faible au fort et des règlements politiques heurtant presque toujours la raison, l'humanité et la justice, je pense qu'on devrait encore les conserver comme des monuments propres à faire aimer la révolution....

« Assurément c'est une belle invention que la substitution de la *Déclaration des droits de l'homme* aux chartes, aux titres et aux livres. Vous faites de cette déclaration la science universelle ; et je ne sais, citoyen ministre, comment les pauvres hommes pourront reconnaître une découverte aussi importante.

« Signé, ROPRA. » (1)

Sous la forme d'un persifflage très-réussi, l'archiviste du département du Nord couvrait de ridicule le ministre Garat, et l'assimilation de la destruction des archives de Lille à l'incendie de la bibliothèque d'Alexandrie prouve que parfois le mensonge peut servir à la démonstration et au triomphe de la vérité.

Ceci se passait en 1792, en France, à l'époque d'une Révolution qui promettait au monde l'exemple de la liberté et de la tolérance et se montrait fanatique, à ce point, pour n'en citer qu'un exemple entre mille... En 1830, une seconde Révolution se fait par les soins des disciples des hommes de 1792, et ils n'ont rien de plus pressé — ces gouvernants et ces ministres de *la légitimité de 93*, — que de reproduire le vandalisme d'une époque à jamais néfaste.

Le 14 février 1831, anniversaire de la mort du duc de Berri, on sait ce qui se passa à Paris, ou plutôt on l'a oublié, puisque la Commune de 1871 et ses dévastations ont pu se produire. Nous laissons à un témoin et à un historien de 1831, M. Louis Blanc, le soin de raconter et de flétrir cette parodie des scènes de 1792.

---

(1) Voyez, sur ce fait, dans le tome II des Documents historiques tirés des collections manuscrites de la Bibliothèque royale, etc., le rapport de M. Le Glay, sur les Archives du Nord, p. 62-68.

« Des bourgeois en habit noir et en gants jaunes y figuraient à l'avant-garde. L'impiété rieuse de la jeunesse des écoles s'y mariait à la rude licence du peuple. Les autorités elles-mêmes encourageaient au mal par l'affectation de leur indifférence et le scandale de leur apathie. Ce fut sur l'ordre d'un magistrat de la cité qu'on abattit la croix qui surmontait l'église Saint-Germain-l'Auxerrois. Les troupes semblaient se cacher. Tout pouvoir était absent. La garde nationale, si ardente à protéger la boutique, laissait libre la route qui allait conduire la multitude à la dévastation d'un temple....

« Abattre l'autel, briser la chaire, mettre en pièces balustrades et confessionnaux, renverser chaque saint de son piédestal, déchirer les tableaux pieux, fouler aux pieds les riches tentures, tout cela fut l'œuvre d'un moment. On riait, on hurlait, on se provoquait mutuellement à des hardiesses cyniques... La sacristie, prise d'assaut, avait livré à des vandales bouffons ses plus opulentes dépouilles, et des hommes furent vus dansant en habits sacerdotaux....

« Sur ces entrefaites, le préfet de police (M. Baude) s'était rendu au Palais royal. Il trouva le roi (Louis-Philippe) parfaitement calme. Le roi crut devoir retenir à dîner le préfet de police et se fit adresser ainsi directement tous les rapports de la soirée. Parmi ces rapports, les uns annonçaient que le lendemain l'archevêché serait envahi ; les autres, qu'une attaque serait tentée sur le Palais royal, d'après des instructions parties du sein des sociétés secrètes. « Il faut faire la part du feu, dit le « roi à M. Baude ; ne songez qu'au Palais royal. »

« Aucune mesure n'avait été prise pour protéger la demeure de l'archevêque. Des agitateurs mystérieux se mêlent au peuple. Ils le détournent du Palais royal et l'entraînent à l'archevêché. Le rappel avait été battu mollement dans la matinée, et la garde nationale, ses chefs absents, ne s'était point rassemblée. Cependant, un détachement de la 12ᵉ légion, commandé par M. François Arago, descendait du Panthéon à la Cité... Quand M. Arago et ses compagnons d'armes arrivèrent à l'entrée du jardin, les assaillants étaient déjà en pleine possession de l'archevêché, dont ils achevaient la démolition avec une sorte de frénésie... *On voyait tournoyer en l'air et tomber dans le jardin, lancés de toutes les fenêtres, livres rares, manuscrits précieux*... Là, comme la veille, à St-Germain-l'Auxerrois, c'étaient les bourgeois qui avaient imprimé le mouvement et qui donnaient l'exemple. CE QUI FUT PERDU POUR L'ART ET POUR LA SCIENCE, dans ce jour de folie, EST INCALCULABLE. Jamais dévastation n'avait été plus extraordinaire, plus complète, plus rapide ;... toutes ces choses s'accomplissaient au milieu d'une effroyable tempête de bravos, de rires, d'exclamations burlesques ou de cris furieux.....

« Du sac de l'archevêché à celui de la cathédrale il n'y avait qu'un pas. Le peuple menaçait de forcer les portes de Notre-Dame... M. Arago laisse sa compagnie dans la rue de l'archevêché, s'avance vers le parvis de Notre-Dame, à travers la foule, et élevant la main : « Vous voyez
« cette croix qui s'ébranle sous les coups répétés des
« démolisseurs. L'éloignement la fait paraître petite : en
« réalité elle est énorme. Attendrez-vous qu'elle tombe,
« et, avec elle, cette lourde balustrade en fer qu'entraînera
« certainement le poids de sa chute ? Retirez-vous donc,

« ou, je vous le jure, ce soir plus d'un fils pleurera son « père et plus d'une femme son mari. » En disant ces mots, M. Arago prend la fuite comme frappé d'épouvante. La foule, effrayée, se précipite... La cathédrale était sauvée.

« Mais, à l'archevêché, les démolisseurs poursuivaient leur œuvre avec une fureur croissante. Témoin de cette lugubre comédie, M. Arago frémissait de son impuissance, et comme savant et comme citoyen. Convaincu, enfin, qu'il y avait parti pris, de la part du pouvoir, de favoriser l'émeute, il allait donner ordre à son bataillon d'avancer lorsqu'on vint l'avertir que quelques personnages marquants, mêlés aux gardes nationaux, les engageaient à laisser faire. On lui cita particulièrement M. Thiers, sous-secrétaire d'état au ministère des finances. Il l'aperçut, en effet, se promenant devant ces ruines avec un visage satisfait et le sourire sur les lèvres.

« Vers trois heures, une légion de la garde nationale parut, mais pour parader seulement autour de l'édifice; et comme M. Arago invitait le commandant, M. Talabot, à entrer dans l'archevêché, pour que l'émeute fût du moins chassée du théâtre de ces dévastations. « J'ai ordre, « répondit M. Talabot, de paraître ici et de m'en retour- « ner. »

« Le soir tout Paris fut illuminé. Sur le point où l'archevêché s'élevait la veille, il n'y avait plus que des ruines. (1). »

Un tel fait et dans de telles circonstances aussi carac-

---

(1) Louis Blanc, *Histoire de dix ans* (1830-1840), tome II, p. 284-295.

téristiques n'a pas besoin de commentaires ; il est curieux de voir M. Thiers devenu l'Omar de 1831 comme le citoyen Garat avait été celui de 1792.

M. L. Blanc n'a pas tout dit — et pour cause, — sur la dévastation et la ruine systématiques de la bibliothèque de l'archevêché, en 1831 ; nous croyons devoir compléter le récit de cet épisode révolutionnaire par la citation des passages les plus importants d'une curieuse lettre (1) adressée, en 1850, par M. Paul Lacroix, témoin oculaire, à un bibliothécaire qui lui avait demandé des détails sur cet acte de vandalisme.

« La destruction de la bibliothèque archiépiscopale doit être comptée parmi les exploits de la garde nationale de Paris : *quœque miserrima vidi...*

« La bibliothèque qu'on s'était contenté de bouleverser en juillet 1830, et que le bibliothécaire avait achevé de ranger seulement depuis quelques jours, ne fut pas plus épargnée que les glaces et les tentures. On établit une chaîne, pour faire passer de main en main les volumes jusqu'à la rivière, et, par un raffinement de cruauté, on déchirait quelques pages de chaque auteur condamné à la noyade, sans examen. C'étaient des éclats de rire et de folle joie, à mesure que la surface du fleuve se parsemait d'in-folios et d'in-quartos, entraînés par le courant vers le Pont-Neuf où les bateliers repêchaient les pauvres noyés.

« Il y avait là plus de trente mille volumes, la plupart de taille respectable, à exécuter ainsi. On battait le rappel

---

(1) Voyez l'*Intermédiaire des chercheurs et curieux*, du 15 janvier 1864.

de tous côtés : la garde nationale se rassemblait : il fallait se hâter d'en finir avec les livres. Les mains se lassaient, le jeu devenait fatigant ; on cessa de porter les volumes à la rivière, mais on continua de les mutiler en les précipitant par les fenêtres...

« C'était un spectacle affligeant que cette dévastation systématique et générale. Le jardin paraissait blanc de neige, tant il était plein de papier déchiré et de livres mutilés. On avait même tenté de mettre le feu à plusieurs bûchers composés de livres !

« La douzième légion de la garde nationale, cette légion la plus *peuple* de Paris, voyait de très-bon œil cette vengeance exercée *contre la calotte,* disait-on hautement, et plusieurs soldats citoyens se mirent en devoir de compléter l'œuvre des saccageurs...

« Je cherchais ce qui avait été la bibliothèque : j'arrivai dans la salle qui l'avait contenue ; cette salle était vide ; mais, dans le jardin, au pied du mur, les livres qu'on n'avait pas eu le temps de noyer, étaient encore entassés pêle-mêle à une hauteur de vingt pieds : des gardes nationaux, fusil en main et shako en tête, se promenaient majestueusement sur cette montagne de livres qui s'écroulaient sous leurs pieds.

« J'allai visiter ces tristes débris... C'étaient des classiques latins, éditions du xv° siècle, des collections de Pères et d'écrivains ecclésiastiques, beaucoup magnifiquement reliés en maroquin. Je rencontrai fort peu d'ouvrages français, d'un format portatif : on les avait déjà mis en poche..., mais les officiers s'opposèrent à ce que la garde nationale devînt bouquiniste.

« Cette décision irrita les plus avides, et ceux qui depuis deux heures piétinaient sur les livres assez peu littérairement les poussèrent de la crosse puis de la baïonnette de leurs fusils. Quelqu'un s'avisa de lancer un volume de saint Jean-Chrysostôme aux camarades qui regardaient des fenêtres du second étage. Saint Jean-Chrysostôme fut suivi d'un autre saint, et en un moment la bibliothèque vola en l'air. Les gardes nationaux avaient renouvelé, à leur insu, la bataille du *Lutrin*, qui dura jusqu'à ce qu'il ne restât pas un livre entier...»

LA RELIGION DE SHAKESPEARE.

En tête de cette étude et comme épigraphe toute naturelle nous inscrivons cette pensée de M. de Maistre, un des grands admirateurs de l'Eschyle anglais : « Je ne cesserai de le dire comme de le croire : l'homme ne vaut que parce qu'il croit. Qui ne croit rien ne vaut rien (1). »

Cela est surtout vrai dans les arts et dans la littérature aussi bien que dans les sciences et la politique ; *la valeur* et la grandeur de Shakespeare ne s'expliquent que par sa foi dont il fut un des plus courageux défenseurs et témoins, en un temps terrible entre tous, le règne sanglant d'Élisabeth ; *la valeur*, c'est-à-dire la vaillance du grand poëte dramatique, qui érigea le théâtre en un tribunal vengeur de la justice, eut sa source dans la foi profonde de cet homme de génie qui naquit, vécut et mourut *catholique et en catholique*.

C'est ce qu'il s'agit ici de démontrer et de prouver

---

(1) Lettres et opuscules, tome II, p. 46.

victorieusement, pièces en main, pour une bonne fois réduire à néant les prétentions des protestants, des juifs et des libres-penseurs qui se sont obstinés, en présence cependant des témoignages les plus éclatants, à revendiquer Shakespeare comme un des leurs, — Shakespeare dont l'œuvre entière est la condamnation de leurs énormes erreurs.

Donc, on a fait tour à tour de ce beau génie un anglican orthodoxe (passe encore !), un libre penseur qui avait le pressentiment des temps modernes (toujours !), le poëte protestant par excellence, un pur rationaliste, et chacun de ses commentateurs allemands l'affuble des idées qu'il préfère. Tous ont fait pour le poëte anglais ce qu'ils avaient déjà fait pour Dante, Savonarole et bien d'autres génies essentiellement catholiques ; cette tactique —pour être percée à jour depuis longtemps, —n'en reste pas moins chère aux sectaires de toute nature.

Il est surprenant que les catholiques n'aient pas élevé plus tôt des prétentions ; en Angleterre même, ce n'est qu'en 1858 que, dans un recueil périodique intitulé : *The Rambler*, M. Simpson publia une série d'articles fort intéressants sur la religion de Shakespeare ; à la suite de M. Simpson, un français, M. Rio, en 1864 (six ans plus tard), complétant les recherches de son devancier et en élargissant le cadre, révéla en tout son jour splendide *Shakespeare catholique*, dont un chapitre important fut accueilli par *le Correspondant* (1) et dont une nouvelle édition a paru en 1875 (2).

---

(1) Livraison de mars 1864, p. 491-518, *Le drame de Henri VII*.
(2) Paris, Bray et Retaux, un vol. in-18 de XIII-336 p.

En France, dès 1821, le protestant M. Guizot, dans son *Essai sur la vie et les œuvres de Shakespeare* (réimprimé en 1852), écrivait :

« On a dit que Shakespeare était catholique ; il paraît du moins certain que telle fut la croyance de son père ; en 1770, un couvreur raccommodant le toit de la maison où était né Shakespeare, trouva, entre la charpente et les tuiles un manuscrit déposé là sans doute dans un moment de persécution, et contenant une profession de foi catholique, en quatorze articles qui commencent tous par ces mots : « Moi, John Shakespeare (1) ».

Il est regrettable que M. Guizot se soit borné à généraliser, comme un fait connu, la croyance au catholicisme du grand poëte anglais et n'ait pas cité ses autorités, ce qui a obligé M. Simpson et Rio à les chercher dans les œuvres de Shakespeare, où elles sont assez abondantes pour établir non-seulement la vraisemblance mais même la vérité irrécusable qu'il s'agit de proclamer ici.

La vie de Shakespeare est peu connue et surtout mal connue : des erreurs et des mensonges nombreux entourent cet homme célèbre, depuis son berceau jusqu'à sa tombe ; ce n'est pas peu dire, et cependant telle est la vérité.

Mais essayons de rétablir les faits dans toute leur exactitude. D'abord, nous voyons Shakespeare à Stratford, lieu de sa naissance, au milieu de sa famille, et en butte à toutes les exactions que firent peser sur les catholiques les règnes de Henri VIII et d'Edouard VI.

---

(1) Shakespeare et son temps, etc. (1852), p. 21.

M. Rio nous retrace ces persécutions (1) et en tire la conclusion suivante à laquelle tout lecteur souscrira après lui : « Au reste, dit-il, les inductions que nous avons tirées des faits et des considérations qui précèdent n'ont quelque valeur qu'à condition de n'être démenties, ni par ce que nous savons de la vie subséquente du poëte, ni par l'esprit général de ses compositions dramatiques... Si son éducation première a porté seulement la moitié de ses fruits, si le peintre qui a tracé dans *Le Roi Lear* la ravissante image de Cordelia, a connu par sa propre expérience, les saintes émotions de la piété filiale, si l'ambition du succès, dramatique ou autre, laisse encore une large place dans son âme à des aspirations plus hautes, s'il fait entrer dans les futures attributions de son génie des iniquités à flétrir ou des victimes à glorifier, on peut être sûr d'avance que ses ébullitions intérieures, comprimées mais jamais éteintes, sauront se faire jour à travers les moindres issues non gardées (2). »

Shakespeare arrivait à Londres, où il débuta sur un théâtre de peu d'importance, mais qu'il rendit peu à peu célèbre par la valeur et la hardiesse de ses pièces. C'est là qu'il lutta tout d'abord contre les écrivains protestants qui, dans de honteuses productions dramatiques, calomniaient impudemment les catholiques, excitaient le fanatisme des sectaires et corrompaient ostensiblement les esprits. M. Rio résume ainsi les premiers résultats de cette lutte : « Qu'on se figure maintenant l'émotion

(1) P. 1-46.
(2) P. 46 et 47.

avec laquelle durent être accueillies les premières rumeurs sur l'espèce de révolution qui s'était opérée dans le premier théâtre de la capitale, sur le jeune poëte de vingt-cinq à trente ans qui osait risquer tour à tour les allusions les plus touchantes et les plus hardies, selon qu'il voulait flétrir les persécuteurs ou attendrir sur le sort des persécutés ; qui semblait vouloir tenter une réaction au profit des traditions catholiques en versant le ridicule à pleines mains sur certaines idoles des réformateurs et en réhabilitant sous ses deux formes, la forme ascétique et la forme chevaleresque, l'idéal que la vulgarité des uns et le fanatisme des autres s'étaient acharnés à proscrire. Suivons le spectateur catholique dans cette enceinte jusqu'à présent réservée à ses ennemis et voyons avec lui jusqu'à quel point ces rumeurs étaient fondées. (1) »

Il faut que Shakespeare ait été dominé par un besoin bien impérieux de soulager son cœur, pour qu'il ait marqué son début par des manifestations aussi hardies que celles que l'on trouve dans ses deux premiers ouvrages dramatiques, *Périclès, roi de Tyr* et *Titus Andronicus*. Non content de glorifier les catholiques et leurs croyances, il met au pilori les acquéreurs, ou plutôt (pour nous servir de son énergique expression), les *dévoreurs* de propriétés ecclésiastiques ; et il caractérise le despotisme royal d'Henri VIII et d'Elisabeth dans des termes tellement clairs, que les noms propres devaient venir à l'esprit des auditeurs. « Quand les tyrans caressent, il est temps de craindre, ils sont les dieux de la terre,

(1) Rio, p. 98 et 99.

absolus dans le mal, comme Jupiter, et, comme lui, sans contradicteurs ; dans le vice, leur loi c'est leur volonté, un premier crime en provoque un second, et *avec eux la passion sensuelle et le meurtre sont aussi inséparables que le feu et la fumée* (1). A ces signes caractéristiques qui ne reconnaît l'allusion à Henri VIII et à sa digne fille, Elisabeth ?

Dans le drame de *Titus Andronicus*, la réaction était plus religieuse que politique et elle revêtait des formes tellement inusitées qu'on serait tenté de croire à une connivence mystérieuse ou à quelque patronage assez puissant pour rassurer le poëte contre les conséquences possibles de ses allusions. Il ne faut pas oublier que les débuts de Shakespeare coïncidèrent avec une espèce de coup d'Etat qui frappa de suppression deux théâtres qui ne s'étaient pas mis suffisamment en garde contre la tentation de toucher aux questions religieuses (2).

Il y a dans le cinquième acte de *Titus Andronicus* un dialogue remarquable et surtout très-significatif entre Aaron et Lucius, le premier un épouvantable scélérat, doublé d'un athée, le second pieux, loyal et brave, un

---

(1) Kings are earth's Gods : in vice their law's their will
And if Jove stray, who dares say Jove does ill ?
One sin, J know, another doth provoke
Murder's as near to lust as flame to smoke. (Acte I, scène I.)
    Thou knowest this :
This time to fear , when tyrants seem to kiss.
(Acte I, scène II.)
(2) Voyez dans Collier, Annals of the stage, vol. I, p. 271-278.

vrai chevalier. Aaron demande un serment à Lucius, qui lui répond :

— Par qui jurerai-je ? Tu ne crois pas en Dieu.

Aaron : — Eh ! qu'importe que je n'y croie pas, comme en effet, je n'y crois pas ? Mais je sais que tu es religieux et que tu as en toi une chose qu'on appelle conscience avec je ne sais combien de manies et de cérémonies de *papiste* que je t'ai vu observer scrupuleusement ; par toutes ces raisons, je te presse de jurer (1). »

Ici nous ouvrons — dans l'analyse du beau livre de M. Rio, — une importante parenthèse pour y insérer une remarquable citation d'un écrivain anonyme qui, en 1856, dans le *Magasin pittoresque*, a consacré au génie catholique de Shakespeare une page d'un accent ému et très-vrai, sous ce titre : *Le moine selon Shahspeare* ; l'anonyme s'exprime ainsi : « De nos jours, on a dit de Shakespeare que ce profond observateur du cœur de l'homme en avait retracé tous les sentiments, excepté le sentiment religieux... Il a peint la confiance en Dieu, la soumission de l'âme humaine aux décrets de la providence, la résignation chrétienne dans toute l'étendue du mot. Voyez, par exemple, le rôle de cet agneau décou-

---

(1) Who should J swear by ? thou believ'st no God ;
That granted, how can'st thou believe an oath !
Aaron. What if J do noth ? as indeed J do not ;
    Yet for J know thou art religious
    And hast a thing within thee called conscience
    With twenty *popish* tricks and ceremonies
    Which J have seen thee careful to observe,
    Therefore J urge thy oath.

ronné qui se débat si innocemment au milieu des épouvantables péripéties de la guerre civile, et qui se nomme Henri VI ; voyez surtout le caractère touchant de la reine Catherine dans la pièce de *Henri VIII*, le caractère de femme le plus pur et le plus élevé qui soit sorti des mains du grand tragique. En ce sens, Shakespeare a connu le sentiment religieux.., et on peut dire qu'il l'a retracé plus d'une fois d'une façon admirable. Et comment ce sentiment aurait-il pu manquer au sublime génie qui sut témoigner aux victimes une sympathie si profonde et marquer si bien aux bourreaux l'heure des vengeances providentielles ?..

« Ce qu'il y a de curieux, lorsque l'on examine les œuvres de Shakespeare, c'est d'y voir qu'il montre un penchant particulier pour les gens de la vie monastique... Le frère, le simple moine ne se montre que sous les couleurs les plus douces et les plus aimables. Si Shakespeare avait eu dans l'âme quelque amertume contre le catholicisme, il n'aurait pas manqué de prendre le moine à partie et de faire rire à ses dépens la populace de Londres, surtout sous le règne d'Elisabeth. Mais point... C'est toujours comme de dignes et sérieuses personnes qu'il représente les fils de saint François qui sont mêlés à l'action de ses pièces. On en peut juger par le rôle qu'il donne au frère Laurence dans la belle tragédie de *Roméo et Juliette*...

« Shakespeare, dit l'histoire, aimait à jouer lui-même ce rôle. De cette donnée, on peut induire que si le personnage de Laurence était un des rôles qui plaisaient le plus au comédien, c'était sans doute parce qu'il se trouvait le plus en rapport avec l'âme du poëte...

« Le même caractère, quoique moins développé, se rencontre dans la pièce de *Beaucoup de bruit pour rien*. Le religieux de cette comédie paraît être calqué sur celui de la pièce de *Roméo et Juliette*... Le drame de *Mesure pour mesure* possède aussi un moine, un franciscain, car c'est toujours à cet ordre de charité pure que le poëte s'adresse... Enfin, c'est un saint ermite de la forêt des Ardennes qui, dans *Comme il vous plaira*, remet les choses à leur vraie place, en convertissant le prince méchant et usurpateur et lui faisant restituer les biens enlevés injustement à son frère aîné.

« En résumé, le frère Laurence est le type de tous les hommes de la vie monastique qui apparaissent çà et là dans les œuvres du célèbre tragique. C'est lui aussi qui nous découvre le mieux de quelle façon Shakespeare comprit le serviteur de Dieu dans son rôle ici-bas et vis-à-vis des autres hommes (1). »

On a assisté plus haut aux premières escarmouches de Shakespeare contre les persécuteurs, dans quelques scènes de *Périclès* et de *Titus Andronicus* et même dans ses comédies. Cette guerre ne s'était pas ralentie depuis qu'il avait abordé les drames historiques. Il avait vu plus d'une fois à Tyburn des missionnaires condamnés au supplice des traîtres prier pour celle qui les faisait éventrer par ses bourreaux. Ce fut ce souvenir qui lui inspira, dans *Henri VI*, l'un de ces vers les plus hardis :

Priests pray for enemies, but princes kill (2).

---

(1) *Le Magasin pittoresque*, 1856, p. 311 et 312.
(2) « Les prêtres prient pour leurs ennemis, mais les princes tuent. »

Dans *Richard III*, il avait imprimé aux hypocrites, qui abusaient des textes sacrés, une mordante flétrissure, et il avait mis les prières des saints et celles des victimes immolées par le tyran au nombre des forces qui combattaient contre lui (1).

Dans *Roméo et Juliette,* la réhabilitation de l'idéal ascétique est poursuivie avec une audace toujours croissante (2); et, dans *Le Marchand de Venise*, il y a une invective encore plus fortement accentuée que les précédentes contre ceux qui abusaient des textes sacrés *pour propager les plus damnables erreurs* (3).

Nous regrettons vivement de ne pouvoir suivre même de loin — et par la voie de l'analyse,— M. Rio dans son étude du drame historique de *La vie et la mort du roi Jean*; c'est là que l'on constate et que l'on comprend comment Shakespeare entendit et pratiqua par le théâtre la réfutation des mensonges historiques relatifs aux annales de l'Angleterre. Il ne s'agissait, ici, de rien moins que de démolir les œuvres dramatiques de sectaires qui — renversant les rôles, — avaient fait de Jean-Sans-

---

(1). Acte V, scène III.

(2). Le sujet de *Roméo et Juliette* est tiré du poëme d'Arthur Brooke, où il y a bien aussi un frère Laurent; mais, outre que Shakespeare s'est plu à dilater le rôle et les discours de ce moine, il lui en adjoint un second de sa création, frère Jean qui, en temps de peste, s'enferme avec les malades dans les hôpitaux.

(3) In religion.
    What damned error, but some sober brow
    Will bless it and approve it with a text
    Hiding the grossness with fair ornament. (Acte III.)

Terre l'idéal de l'honneur et du droit tandis que la papauté représentait, aux yeux des masses populaires, tout ce que l'ambition, l'hypocrisie et la duplicité ont de plus odieux (1).

Dans ses trois drames historiques sur Henri IV et sur Henri V, Shakespeare avait cherché des souvenirs et des caractères dans lesquels il pût personnifier son double idéal, l'idéal chevaleresque et l'idéal religieux, par opposition aux tendances dominantes de son siècle, de plus en plus hostiles aux institutions et aux traditions destinées à perpétuer l'un et l'autre.

L'idéal religieux, on a vu tout à l'heure comment Shakespeare le résumait et le faisait revivre sous le froc du franciscain ; quant à l'idéal chevaleresque, ce culte suppose nécessairement, dans celui qui le professait si hardiment (2), un enthousiasme non moins décidé pour les expéditions le plus fortement empreintes de ce caractère, c'est-à-dire pour les croisades, et il est à remarquer, en effet, qu'entre tous ses contemporains, Shakespeare est le seul qui en parle en poëte catholique, au point de vue de la gloire nationale et de la foi. Déjà, dans sa tragédie de *Richard II* (3), il avait exalté la chevalerie ; le même accent de conviction sincère et de pieuse admiration se fait sentir dans l'allocution qu'il prête à *Henri IV*, dans la première scène du drame qui porte son nom, quand ce prince proclame son intention de détourner l'ardeur de ses barons vers ces champs

---

(1) Cs. Rio, p. 142-158.
(2) Troisième partie d'*Henri* VI.
(3) Richard II, acte IV.

sacrés, foulés jadis par ces « pieds bénis qui furent, il y
« a quatorze siècles, cloués pour notre rédemption sur
« le bois amer de la croix (1). »

Et, dans son drame d'Henri V, dès le début du premier
acte, ce roi est appelé par l'évêque d'Ely *un ami fidèle
de la sainte Église*, et, un peu plus loin, le poëte lui met
dans la bouche ces paroles caractéristiques : « La conquête
« de la France absorbe désormais toutes nos pensées,
« excepté celles qui ont Dieu pour objet : car, celles-là
« passent avant toutes les autres (2). »

Cette prédominance du sentiment religieux, combinée
avec l'héroïsme chevaleresque, forme, pour ainsi dire,
la double trame de la pièce et donne lieu à des manifestations de plus en plus émouvantes, avant, pendant et
après la terrible bataille d'Azincourt.

« La position de Shakespeare vis-à-vis du pouvoir,
tant religieux que politique, était maintenant nettement
dessinée. C'était un poëte d'opposition et d'opposition
non clandestine ; un poëte dont la muse devenait de plus
en plus militante, non-seulement dans ses drames historiques, la plupart ouvertement hostiles ou suspects, mais
même dans ceux dont le titre et le sujet semblaient garantir l'innocence. Ce fut sans doute pour cette raison

(1)   In those holy fields
Over whose acres walk'd those blessed feet
Which fourteen hundred years ago, were nail'd,
For our advantage on the bitter cross. (Henri IV, acte I,
scène 1).

(2) We have now no thoughts in us but France
Save those to God that run before our business.

que l'impression de la pièce intitulée : *Comme il vous plaira* rencontra des difficultés insurmontables en 1600 et dut, comme celle du drame d'*Henri V*, être ajournée à l'année 1623 (1). »

C'est ainsi que M. Rio extrait de toutes les pièces de Shakespeare, composées sous le règne de la terrible Elisabeth, tout ce qui démontre l'opposition que le vaillant poëte faisait au parti dominant et prouve en même temps son courage et son catholicisme.

En analysant le drame de *Henri VIII* et en en faisant l'histoire, M. Rio expose en ces termes le rude labeur qu'entreprit le poëte dans la hardie composition de cette œuvre : « Les circonstances dans lesquelles Shakespeare composa sa tragédie de *Henri VIII* donneraient à cette composition un intérêt tout particulier, lors même qu'elle ne formerait pas, dans sa contexture, le point culminant de la controverse relative aux croyances religieuses de son auteur. C'est par cette œuvre, si originale et si empreinte de tristesse, que s'ouvre la troisième période de sa carrière dramatique, période féconde en chefs-d'œuvre que tout le monde connaît, mais non moins féconde en progrès intérieurs qui sont peu connus. *Henri VIII* sera le dernier de ses drames dont il empruntera la matière à l'histoire nationale. Ce sera le dernier de ses exploits de démolition contre ceux qui ont fait mentir cette histoire pour absoudre les fondateurs de la religion nouvelle. Mais si ses drames antérieurs, *Richard II*, *Henri IV* et *Henri V*, avaient éveillé des susceptibilités ombrageuses, malgré la distance plus que séculaire de ces trois règnes,

(1) Rio, p. 184 et 185.

comment oser remuer ou même fouler, avec des intentions hostiles, un terrain historique d'où s'exhalaient encore, pour ainsi dire, les vapeurs du sang que le père d'Elisabeth avait versé ? La tâche n'était assurément pas sans péril ; mais après avoir démoli le drame scandaleux que l'apostat Bale avait composé sur le roi Jean, Shakespeare crut, sans doute, qu'il se devait à lui-même et à ses coreligionnaires d'appliquer le même procédé de démolition aux deux autres drames historiques du même auteur, lesquels devaient distiller encore plus de venin que le premier, puisqu'ils avaient pour sujet le premier et le second mariage de Henri VIII. De, plus une œuvre dramatique qui supplanterait ces deux là pourrait, du même coup, en supplanter deux autres que la catastrophe du cardinal Wolsey venait d'inspirer au poëte Chettle, renforcé de trois collaborateurs dignes de lui, c'est-à-dire également disposés à prendre parti pour les bourreaux contre les victimes. A tous ces motifs, tirés d'engagements littéraires pris avec lui-même, se joignait peut-être l'espoir secret de flétrir, ne fût-ce qu'indirectement et par induction lointaine, le despotisme brutal et sanguinaire qui pesait sur l'Angleterre depuis trois quarts de siècle, et qui venait de trancher la vie du comte d'Essex, dont notre poëte avait partagé les généreuses aspirations (1). »

Voilà ce que projetait de faire Shakespeare et ce qu'il fit en effet. C'est dans le livre de M. Rio qu'il faut voir tous les développements de cette pensée à la fois hardie et catholique.

(1) Rio, p. 199-201.

Nous voici arrivés aux dernières années et aux derniers jours du grand poëte ; ce n'est pas la partie la moins intéressante de cette époque de la vie de celui qui est resté le type le plus élevé du génie anglais.

Le drame de *Henri VIII* fut le dernier que composa Shakespeare en vue de démolir un drame antérieur hostile à ses croyances héréditaires. Sa suprême comédie, *Les Joyeuses Commères de Windsor*, avait été composée, en 1600, dans le même but ; désormais, les dispositions d'esprit et de cœur qui alimentaient cette verve comique vont disparaître complètement pour faire place à des sentiments mélancoliques, retour sur le triste sort de ses amis, son propre passé et la pénitence de ses fautes à lui. De là sont nés *Jules César*, *Othello* et *Hamlet*.

Sans nous arrêter à *Jules César*, — dans *Othello* on trouve exprimées les conditions essentielles de l'idéal chevaleresque ; seulement les rôles sont intervertis, c'est Desdemona qui est la véritable héroïne, sinon en faisant des exploits, du moins en les récompensant, et ces exploits qu'elle récompense par un amour si généreux et si pur sont accomplis dans une guerre sainte, dans la guerre de Chypre, alors très-récente (1571). Othello n'y porte pas seulement les convictions d'un chrétien, serviteur d'une république très-chrétienne ; il y porte, en outre, sans doute, au grand scandale des spectateurs protestants, les habitudes d'un papiste « qui a foi dans tous les petits symboles matériels de la rédemption des péchés et dans les petites pratiques de mortification, comme la réclusion, le jeûne et la prière (1). »

(1) To all seals and symbols of redeemed sin

On voit que le poëte ne perdait pas plus de vue l'idéal ascétique que l'idéal chevaleresque. Cette double empreinte, et l'empreinte catholique en général, est encore plus fortement marquée dans la tragédie d'*Hamlet*. Une scène — très-remarquable surtout au point de vue de l'autobiographie de Shakespeare, — est celle où le roi, meurtrier de son frère et usurpateur de son trône, vient épancher les remords dont son âme est bourrelée. Outre l'acte de contrition conçu dans des termes qui diffèrent très-peu des formules les plus ordinaires, il y a des vers qui prouvent une initiation toute particulière aux mystères de la pénitence, de la miséricorde et de la prière (1). Il y en a d'autres où les difficultés du repentir, comme condition absolue de régénération spirituelle, sont exprimées dans un langage si ferme, si imposant, si concis et, pour ainsi dire, si biblique, qu'on pourrait en faire la matière d'un commentaire qui s'élèverait bien au-dessus des appréciations purement littéraires (2).

(1)
. . . .
This hand of your's requires
A sequester from liberty, fasting and prayer,
Nuch castigation, exercise devout. (Acte III, scène IV.)
Pray can J not,
My stronger guilt de feats my strong intent.
Whereto serves mercy,
And what's in prayer, but this two-fold force,
Tobe forestalled, ere we come to fall,
Or pardon'd, being down?
Nay one be pardon'd, and retain the offence?

(2)
What then? what rests?
Try what repentance can : What can it not?

Le sonnet cx notamment est l'une des effusions les plus touchantes de cette grande âme travaillée, alors plus que jamais, par le sentiment de ses misères. C'est là que Shakespeare s'accuse d'avoir été déloyal envers lui-même et d'avoir *jeté à la vérité un regard oblique et étranger*. Ce sonnet renforce de plus en plus les présomptions en faveur du catholicisme du grand poëte dramatique anglais ; car, il a trait à des défaillances de caractère, sources de profession de foi trop équivoques, soit dans sa vie comme chrétien, soit dans ses œuvres comme poëte. « Ce qui prouve que, sous ce dernier rapport, il ne croyait pas avoir assez fait, c'est que les pièces qui appartiennent à sa dernière période portent de plus en plus l'empreinte de ses croyances héréditaires. Cette progression est manifeste dans les deux drames historiques de *Henri V* et de *Henri VIII* ; mais elle l'est peut-être davantage, ou du moins elle est plus curieuse à étudier dans *Hamlet*, à cause de la comparaison qu'on peut établir entre les deux formes sous lesquelles ce sujet fut traité par l'auteur, à des dates très-éloignées l'une de l'autre. Par exemple, dans le premier *Hamlet*, le dialogue entre le prince et le fantôme de son père ne contient que l'affirmation du dogme du purgatoire, tandis que, dans le second *Hamlet*, tous les sacrements du lit de mort sont affirmés de la manière la plus saisissante, avec des expressions techniques qui

Yet what can it, when one cannot repent?
O limed soul; thats truggling to be free,
Art more engag'd !

devaient être tombées depuis longtemps en désuétude (1). »

Dans *Mesure pour mesure*, l'auréole mystique dont Shakespeare a entouré la chaste figure d'Isabelle, démontre que le but principal de cette pièce est la glorification de l'idéal ascétique en général et de la virginité claustrale en particulier. Jamais, peut-être, si ce n'est dans certaines pages de Dante, on n'a mieux exprimé, du moins dans le langage de la poésie, l'irrésistible puissance des prières matinales que des âmes pures de toute souillure font monter jusqu'au ciel (2). C'est sur les lèvres d'Isabelle que le poëte a mis les belles et grandes pensées qui se pressaient dans son esprit et qu'on sent avoir été le fruit de ses méditations personnelles. C'est dans sa bouche que se trouve cette sentence hardie dont la clarté exclut toute équivoque :

« Les grands peuvent se moquer des saints, c'est de l'esprit chez eux; mais, chez leurs inférieurs, c'est une horrible profanation (3). »

La puissance de la sainteté, même avant la transfiguration par la mort, est affirmée d'une manière plus touchante encore dans le cinquième acte, quand Marianne la pécheresse demande à Isabelle de prier pour elle, non

---

(1) Rio, p. 287 et 288.
(2)   With true prayers,
   That shall be up at heaven and enter there
   Ere sun-rise, prayers from preserved souls,
   From fasting maids, whose minds are dedicate
   To nothing temporal.
(3) Great men may jest with saints, 'tis wit in them
   But, in the less, foul profanation.

pas en articulant les mots, qu'elle se charge d'articuler elle-même, mais seulement en s'agenouillant près d'elle et en levant les yeux vers le ciel (1). »

Un des plus intéressants témoignages du catholicisme de Shakespeare et de sa croyance en l'efficacité de la pénitence est celui-ci ; dans un de ses remarquables sonnets, où il déplore la triste nécessité qui l'a obligé pour vivre à composer ses pièces et à les jouer lui-même, il s'exprime ainsi en s'adressant à un ami :

« Oh ! grondez pour moi la fortune, cette déesse cou-
« pable de toutes mes fautes, qui ne m'a pas laissé
« d'autre ressource que la contribution publique qui
« rend esclave du public. C'est là ce qui fait que mon nom
« est stigmatisé et que ma nature est rompue au vil mé-
« tier qu'elle fait comme la main du teinturier. Ayez
« donc pitié de moi *et souhaitez que je sois régénéré, alors*
« *qu'en malade docile je boirai le calice amer qui doit*
« *guérir mon infection.* »

Ailleurs, il se félicite « de s'être détourné à temps
« avant que le temps le détourne, et d'avoir rapporté
« avec lui *l'eau amère qui doit laver sa faute.* »

Cette idée de réhabilitation, aux yeux de Dieu ou aux yeux des hommes, est une de celles qu'il a le plus fortement exprimées surtout dans un autre sonnet, où il s'accuse « d'avoir donné à la vérité un regard oblique,
« comme à une étrangère, d'avoir fait violence à ses

---

(1) Sweet Isabel, do yet but kneel by me
  Hold up your hand, say nothing, I'll speak all.
       Rio, p. 299 et 300.

12.

« propres sentiments et d'avoir vendu bon marché ce
« qu'il avait de plus cher (1). »

Si l'on excepte la tragédie du *roi Lear* et celle d'*Antoine et Cléopâtre*, toutes les œuvres que Shakespeare produisit sur la fin de la dernière période de son activité dramatique, c'est-à-dire entre 1605 et 1611, toutes, sans excepter *Coriolan*, sont marquées d'une empreinte de plus en plus chrétienne ; cette empreinte est surtout frappante dans le cinquième acte de *Richard II*, particulièrement lorsque Richard II engage la reine à chercher un asile dans une maison religieuse en France, « afin —
« dit-il, — de regagner par une sainte vie, dans un monde
« nouveau, la couronne que nos heures profanes nous
« ont fait perdre dans celui-ci (2). »

Jamais souverain, même canonisé, a-t-il mieux dit en quoi consiste la vraie grandeur des rois que ne le fait Richard II en parlant de son rival Bolingbroke :

« Bolingbroke prétend-il être aussi grand que nous ?

---

(1) Alas, 'tis true, I have gone here and there,
  And made myself a motley to the view,
  Gored mine own thoughts, sold cheap what is most dear,
  Made old offences of affections new.
  Most true it is, that I have looked on truth
  Askance and strangely.

(2)   Hie thee to France
  And cloister thee in some religious house ;
  Our holy lives must win a new world's crown,
  Which our profane hours here have stricken down.

« Il ne sera pas plus grand ; s'il sert Dieu, nous le servi-
« rons aussi, et nous serons ainsi son égal (1). »

Les paroles qu'il prononce quand il est question de sa déposition ne sont pas moins remarquables :

« Faut-il que je perde le nom de roi ? au nom de Dieu,
« qu'on me l'ôte ! Je donnerai mes joyaux pour un cha-
« pelet, mon splendide palais pour un ermitage, mon
« éclatant appareil pour la robe d'un mendiant, mes go-
« belets ciselés pour un plat de bois, mon sceptre pour
« un bâton de pèlerin, mes sujets pour une paire de
« saints sculptés...(2) »

Et dans son drame de *Timon*, quel courageuse apostrophe, écrasante d'ironie, contre les bourreaux qui torturaient les catholiques restés fidèles à leur foi, surtout les prêtres !

« Sois — dit Timon à un des séides du tyran, — sois
« sans pitié pour la barbe blanche du vieillard, n'épargne
« ni la matrone, ni la vierge, ni l'enfant en bas âge, ab-
« jure toute émotion, et *couvre les yeux d'une cuirasse*

---

(1) Strives Bolingbroke to be as great as we ?
Greated he shall not be; if he serve God,
We'll serve him too, and be his fellow so.

(2)   Must, lose
The name of kitg ? o'God's name, let it go.
I'll give my jewels for a set of beads,
My gorgeous palace, for a hermitage ;
My gay apparel, for an alms man's gown ;
My figur'd goblets, for a dish of wood ;
My scepter, for a palmer's walking-staaff ;
My subjects, for a pair of carved saints.

« *qui les empêche d'être troublés par la vue des prêtres*
« *saignants sous leurs vêtemens sacrés* (1). »

Certes, il n'y a rien de plus clair que cette protestation de Shakespeare en faveur de ses coreligionnaires les catholiques.

C'est désormais dans le sein de sa famille, à Stratford, qu'il passe les cinq dernières années de sa vie, jusqu'à sa mort, arrivée en 1616. Comment mourut-il? Il est bien difficile d'avoir des preuves authentiques de son catholicisme à l'heure suprême, quand on songe que, dans cette même année 1616, quatre prêtres furent pendus comme coupables d'exercice illégal de leur ministère (2).

« Mais, — dit M. Rio, — à défaut de ce genre de témoignage nous en avons un autre encore plus concluant, celui des ministres même de l'Eglise officielle, c'est-à-dire des hommes les plus intéressés de tous à revendiquer pour eux et pour leur culte un nom qui, sans être honoré comme il l'a été depuis, était déjà une gloire pour la nation tout entière.

« L'un de ces ministres est le révérend Richard Davies qui, dans ses additions aux opuscules biographiques du révérend William Fulman, mort en 1688, dit formellement que Shakespeare mourut papiste (*he died a papist*) (3). »

(1)   Swear against objects;
   Put armour on thine ears, and on thine eyes;
   Whose proof, nor yells of mothers, maids, nor babes,
   Nor sight of pries in holy vestments bleeding,
   Shall pierce a jot. There's gold to pay thy soldiers.
(2) Voyez le *Rambler* de mai 1858.
(3) *Rambler*, ibid.

Le doute, à cet égard, n'est plus permis, surtout depuis qu'un écrivain *protestant de naissance et de conviction*, comme il s'intitule lui-même, M. Fréd. de Rougemont, a publié le préambule du testament de Shakespeare, dont la copie encadrée se voit dans une chambre de la chaumière même où le grand poëte reçut le jour.

Donc voici ce qu'écrivait, à ce sujet, au directeur d'un recueil catholique M. Fréd. de Rougemont, vers la fin de 1864 :

« Voici trente-trois ans qu'après avoir lu ce précieux document j'ai été parfaitement convaincu que la gloire d'avoir produit et possédé jusqu'à sa mort le plus puissant génie dramatique des temps modernes revient à votre Eglise. Et c'est un protestant de naissance et de conviction qui doit vous l'apprendre ! Cela me paraît si étrange que je me prendrais à douter de mes souvenirs, si je n'avais pas sous les yeux le journal de mon voyage.

« J'étais en Angleterre en 1831. Grand admirateur de Shakespeare, je m'arrêtai à Stratford, sa patrie et son tombeau. Voici mes notes :

« Stratford est une petite ville éparse le long de la rive ombragée de l'Avon, dans une plaine fertile et boisée, dont l'uniformité est rompue par quelques mouvements de terrain. L'aspect de la contrée a tous les traits de la vraie nature anglaise..... La ville se compose de maisons modernes qui ne rappellent en rien le siècle de Shakespeare... La maison où Shakespeare est né subsiste encore, pauvre chaumière au milieu de maisons de date récente, conservée par spéculation par le propriétaire, qui y a établi une boutique de boucher, et visitée par les rois, les princes, les savants, les artistes, dont les noms remplissent les pages du livre des voyageurs et couvrent les parois de la chambre. La maison, bâtie en poutres dont les interstices sont remplies de briques ou de terre, a toute l'apparence de nos mauvaises chaumières de paysans. Les chambres sont vides et ne renferment que deux objets curieux : un portrait de Shakespeare, très-ancien, et une copie de son testament, qui est une pièce fort curieuse, et qui, si je ne me trompe, n'a pas été publiée. J'ai beaucoup regretté de n'avoir pas eu le temps de le copier en entier, et je ne sais d'ailleurs où est la pièce originale. »

« Il est probable — ajoute M. de Rougemont, — qu'on m'eût produit l'original si j'avais voulu le voir à tout prix ; mais la copie me suffisait, car toute fraude était inadmissible. Des protestants n'auraient pas forgé une pièce qui fît de Shakespeare un catholique, et les Anglais ne seraient pas hommes à fermer débonnairement les yeux sur la supercherie de catholiques exposant aux regards de tous les voyageurs un testament inventé pour glorifier l'Eglise romaine.

Voici comment ce testament commence :

« Au nom de Dieu le Père, du Fils et du St-Esprit, de
« la très-sainte et bénie Vierge Marie, Mère de Dieu,
« de la sainte armée des archanges, des anges, des
« patriarches, des prophètes, des évangélistes, des apô-
« tres, des martyrs et de toute la céleste cour et
« compagnie, moi, William Shakespeare, indigne mem-
« bre de la sainte religion catholique..... »

Le testament dit ensuite que Shakespeare est maintenant en pleine et parfaite santé, mais qu'à chaque instant peut arriver pour lui le moment terrible *(dreadful)* de son dernier jugement et qu'il veut en conséquence demander à Dieu le pardon de ses péchés et mettre par écrit ses dernières volontés. Et d'abord il confesse « qu'il sait qu'il doit incessamment se repentir afin de se rendre digne de participer aux mérites du Christ, le Rédempteur mort sur la Croix. » Puis il fait de sa fortune plusieurs parts. Dans un passage, Shakespeare parle aussi de son ange gardien...

Nous nous arrêtons ; ces preuves sont suffisantes, nous le croyons et même surabondantes pour établir que Shakespeare a vécu et est mort catholique, en dépit des persécutions auxquelles était en butte tout homme seulement soupçonné de ne pas partager les doctrines hérétiques.

On a lieu de s'étonner, après de tels témoignages relatifs aux dernières volontés du poëte anglais d'entendre dire à M. Guizot : « Son testament n'offre rien de remarquable (1). »

Le beau livre de M. Rio avait à peine paru (1864) lorsqu'un fait rapporté par le journal *La France,* du 17 mai de la même année, révélait que la conviction de M. Rio, au sujet du catholicisme de Shakespeare, venait d'être professée publiquement et solennellement par un protestant, dans un pays séparé de l'Eglise catholique depuis le seizième siècle, la Finlande. « La Finlande a « tenu, elle aussi, dit *La France,* à célébrer l'anniversaire « de la naissance de Shakespeare. Un professeur de « l'Université d'Helsingfors, M. Sygnoeus, a prononcé, à « l'occasion de cette solennité, un discours dans lequel

(1) Shakespeare et son temps, p. 128.

« il a établi un fait destiné à rabattre peut-être l'enthou-
« siasme de quelques-uns pour l'auteur d'*Hamlet*, à sa-
« voir que Shakespeare était parfaitement catholique. »

Le professeur dont parle ici *La France* est M. Sygnoeus, doyen de l'Université d'Helsingfors, l'un des savants et des poëtes les plus distingués de la Finlande. « Son autorité dans la question dont il s'agit, — dit M. Douhaire (1), — est d'autant plus grande, qu'il y a longtemps qu'il s'occupe de Shakespeare. A l'époque où nous avons eu l'honneur de le connaître, il en préparait une traduction en vers finlandais.....

« M. Sygnoeus connaissait-il l'ouvrage de M. Rio ou la partie qu'en a publiée... le *Correspondant*, lorsqu'il a prononcé son discours? Nous ne savons; quoi qu'il en soit, et à quelque source que le professeur finlandais ait puisé sa conviction, toujours est-il que cette conviction vient d'une manière aussi puissante qu'inattendue à l'appui de la thèse de M. Rio et montre que cette thèse n'est ni un paradoxe ni une affaire de prévention catholique. »

Mais, un point essentiel de la vie de Shakespeare, point sur lequel on n'a pas insisté quoiqu'il ait frappé les yeux des moins attentifs comme des moins instruits des faits et des hommes de l'histoire, ce sont les innombrables anachronismes dont fourmille le théâtre du grand poëte anglais. Or, ces anachronismes sont voulus et prémédités; tout moyen a paru bon à Shakespeare pour venger les

---

(1) Le Correspondant, 1864, tome LXII de la collection, p. 203 et 204.

(2) 1864, tome LXI de la collection, p. 491-518, *Le drame de Henri VIII*.

victimes et flétrir les bourreaux, et il lui a semblé, avec raison, qu'il atteindrait son but par un détour à la fois prudent et habile, en faisant dire aux personnages les plus inattendus — Brutus (1), Coriolan (2), Hamlet (3), Othello (4), etc., — les grandes vérités sur lesquelles reposent tous les devoirs et tous les droits. Cette tactique, il l'empruntait aux drames sacrés de moyen-âge, aux *Mystères* et aux *Moralités* où l'anachronisme *voulu* — ainsi qu'on l'a très-bien prouvé (5), — est poussé jusqu'au costume donné aux personnages de l'ancien Testament; car, excepté le Christ, Marie et les Apôtres, tous les personnages secondaires sont habillés à la façon du xiiie, du xive et du xve siècles. Le costume immuable du Christ, de Marie et des Apôtres symbolisait la vérité divine, toujours la même, en dépit des changements de siècles, de régimes et de modes; tandis que rien ne symbolise mieux les variations de l'erreur et du mensonge que celles du costume.

Pour en revenir aux anachronismes de Shakespeare, c'est — par exemple, — dans deux de ses comédies (*les Joyeuses commères de Windsor* et *Peines d'amour perdues*), que, sous les traits d'un sir Hugh Evans, à la fois ministre protestant et maître d'école, et d'un sir

---

(1) Cs. Rio, p. 265-268.
(2) Rio, p. 290-293.
(3) Rio, p. 273-284.
(4) Rio, p. 268-273.
(5) Voyez O. Le Roy, *Etudes sur les Mystères*, etc., (1837), *Gerson et Corneille*, etc., (1842) et *Histoire comparée du théâtre et des mœurs en France*, etc., (1844).

Nathaniel, il flagelle vertement les instruments odieux et ridicules de l'enseignement *obligatoire*, auxquels son enfance avait été livrée, sous le régime de Henri VIII, cet Hérode doublé de Néron.

Faisant du théâtre une chaire *laïque* (si l'on peut s'exprimer ainsi), Shakespeare, fidèle aux lois de son temps ou plutôt à celles que le moyen-âge lui dictait, se souvint toujours que « le théâtre et la chaire hérétiques avaient contracté une alliance offensive et défensive pour faire en commun une guerre à outrance, non-seulement aux vieilles traditions religieuses, mais encore à toutes les traditions historiques marquées de la même empreinte (1). » Il fallait donc opposer à ces armes des armes de la même forme et d'une trempe plus pure, le théâtre catholique au théâtre protestant. Mais, la tâche était horriblement difficile pour ne pas dire impossible, car le théâtre était loin de jouir de la liberté : en 1589, dans l'année même où Shakespeare produisit son premier ouvrage dramatique, un document authentique nous apprend qu'auteurs et acteurs s'engageaient formellement à garder une réserve respectueuse sur les affaires de l'Église aussi bien que sur celles de l'État. Et quelle Église ! quel État !...

Les acteurs qui jouaient les pièces de Shakespeare appartenaient tous à de vieilles familles catholiques et étaient profondément catholiques eux-mêmes, tels que le fameux Burbadge (2).

Tandis que — dans *Roméo et Juliette*, — le poète catholique exaltait les moines Franciscains, si odieusement calomniés

---

(1) Rio, p. 43 et 43.
(2) Rio, p. 13, 107 et 108.

par Buchanan, dans son drame d'*Henri VIII*, il glorifiait la reine Catherine d'Aragon, noble et sainte victime de l'Hérode anglais. Quelle sensation devait produire la scène finale du quatrième acte, que Johnson, qui la jugeait avec son cœur autant qu'avec son goût, a mise au-dessus des scènes les plus pathétiques qui se trouvent dans les autres productions de Shakespeare, ou même dans celle de n'importe quel poète (1). Cette admiration ne paraîtra pas outrée à quiconque aura porté dans la lecture de ce morceau le pieux recueillement qu'il demande. Quand Catherine, sentant approcher sa fin, demande qu'on lui joue sa mélodie favorite et que cette mélodie, transformée pour elle en musique céleste, l'endort dans une douce extase qui lui donne l'avant-goût de la béatitude, on est ému comme la pieuse reine, en entendant ces paroles qu'elle profère, à son réveil :

« Oh ! ne venez-vous pas d'apercevoir une troupe de
« bienheureux, qui m'invitait à un banquet, et dont les
« visages lumineux répandaient sur moi mille rayons
« comme le soleil ? Ils me promettaient un bonheur éternel
« et m'apportaient des guirlandes que je me sens encore
« indigne de porter ; mais je suis sûre que j'en serai digne
« bientôt (2). »

---

(1) This scene is above any other part of Shakespeare's tragedies and perhaps above any scene of any other poet, tender and pathetick. — Johnson.

(2) Oh, saw you not, even now, a blessed troop
    Invite me to a banquet; whose bright faces
    Cast thousand beams upon me, like the sun ?

Et comme le souvenir de l'infortunée Marie Stuart se mêle à celui de Catherine d'Aragon, dans cette même scène où l'épouse d'Henri VIII lui recommande leur fille Marie, qui fut depuis Marie Tudor (1).

La reine Catherine, à l'envoyé du roi : — « Seigneur, je
« vous supplie de remettre cette lettre à monseigneur le
« roi... Dans cette lettre, j'ai recommandé à ses bontés
« cette image de nos chastes amours, sa jeune fille ;
« puissent les bénédictions du ciel tomber sur elle en
« rosées abondantes ! Je le conjure de lui donner une
« vertueuse éducation — elle est jeune, d'une nature
« noble et modeste, et j'espère qu'elle grandira en mé-
« rites, — et de l'aimer un peu en considération de sa
« mère qui l'aima lui, le ciel sait avec quelle tendresse.
« Ma suivante prière est que Sa noble Grâce prenne
« quelque pitié de mes malheureuses femmes, qui si
« longtemps m'ont suivie fidèlement dans la bonne com-
« me dans la mauvaise fortune : il n'en est aucune, j'ose
« le déclarer (et à cette heure je ne voudrais pas mentir),
« qui pour la vertu et la vraie beauté de l'âme, pour
« l'honnêteté et la décence de la conduite, ne mérite un
« excellent époux, voire un noble, et à coup sûr ils seront
« heureux, ceux qui les posséderont. Ma dernière prière
« concerne mes serviteurs ; ils sont les plus pauvres,

<small>They promis'd me eternal happiness ;
And brought me garlands, Griffith, which J feel
J am not worthy yet to wear : J shall,
Assuredly.</small>

(1) Sur Marie Tudor, voyez *Erreurs et mensonges historiques*, 3ᵉ série, p. 68-104. (*Marie la sanglante*).

« mais leur pauvreté n'a jamais pu les éloigner de moi ;
« — qu'on leur paie dûment leurs gages et quelque chose
« en plus pour qu'ils se souviennent de moi : s'il eût plu
« au ciel de me donner une plus longue vie et des res-
« sources plus grandes, nous ne nous serions pas ainsi
« séparés. C'est là tout le contenu de la lettre, et mon
« bon seigneur, je vous en prie, par l'amour que vous
« portez à ce qui vous est le plus cher au monde, si vous
« souhaitez la paix chrétienne aux âmes qui ont fui cette
« terre, soyez l'ami de ces pauvres gens, et insistez au-
« près du roi pour qu'il me fasse cette dernière justice....

« Rappelez-moi à Son Altesse en toute humilité :
« dites-lui que celle qui l'a si longtemps importuné est
« maintenant en train de passer hors de ce monde ;
« dites-lui que je l'ai béni dans la mort, car je vais
« mourir.... »

Est-ce que cela ne rappelle pas le récit des derniers moments de Marie Stuart, si attendrissants (1) ?

Et c'est ici le lieu — en terminant cette trop rapide étude sur la religion de Shakespeare, — de répéter avec son éloquent historien :

« Oui, tu es grand et plus grand encore devant Dieu que devant les hommes, parce que tu as été fidèle jusqu'au dernier soupir à la religion de tes pères ; parce que, seul entre tous les poëtes de ton temps, tu ne t'es incliné bassement ni devant l'idole royale ni devant l'idole populaire ; parce que seul tu as élevé la poésie dramatique à la hauteur d'une poésie militante contre le men-

(1) Sur Marie Stuart, voyez la 8ᵉ série des *Erreurs et mensonges historiques*, p. 148-186. (*Le procès de Marie Stuart*).

songe et la persécution ; parce que tes sympathies ont toujours été pour les victimes et tes flétrissures pour les bourreaux, quels qu'ils fussent ; parce que tu as défendu contre les puissances politiques et littéraires du jour le culte de l'idéal héroïque et religieux ; parce que, dans l'enivrement de ta gloire, tu t'es élevé jusqu'à l'humilité chrétienne ; parce que tu as donné à tous les sentiments généreux et purs, dont l'âme humaine est susceptible, l'expression la plus magnifique dont on les ait jamais revêtus. Pour ces raisons et pour beaucoup d'autres, dont l'énumération serait trop longue, nous te revendiquons comme nôtre, et nous inscrivons ton nom avec ceux de Dante (1) et de Michel-Ange, tes dignes coreligionnaires, pour former avec eux un triumvirat qui défiera toutes les rivalités et toutes les concurrences (2). »

(1) Sur le Dante, voyez la 10º série des *Erreurs et mensonges historiques*, p. 77-116. (*Dante fut-il un hérétique et un révolutionnaire?*)

(2) Rio, Introduction, page 12 et 13.

VOLTAIRE HISTORIEN

Une des plus grandes prétentions de Voltaire ça été de se croire historien ; il l'a tant dit qu'il a fini par le persuader non-seulement à lui-même, mais encore à ses contemporains et à la postérité ; aussi, à l'heure qu'il est, nombreux sont ceux qui croient que le *Siècle de Louis XIV*, par exemple, est sinon un chef-d'œuvre, du moins un livre estimable et comme il serait à désirer que Voltaire n'en eût pas écrit d'autres. Avant de voir ce qu'il faut définitivement penser de cette bonne opinion, fondée sur un préjugé trop en faveur, il importe de rechercher, dans la correspondance même de Voltaire et dans ses autres écrits, comment il entendait le genre historique et le cas qu'il faisait des critiques plus ou moins hardies que soulevaient ses productions dans cet ordre d'idées.

On disait un jour devant Madame du Deffand, une contemporaine de l'auteur de *la Henriade*, qu'il n'avait rien inventé. — « Rien, répliqua-t-elle, et que voulez-vous donc de plus ? il a inventé l'histoire. » *Inventé* oui, *arrangé* aussi et le plus souvent à sa guise, et pour les besoins de la cause philosophique d'alors, c'est-à-dire pour le triomphe de ses principes irréligieux ; car, rien de systématique, d'aveugle, de faux et par conséquent de dangereux comme un tel parti-pris.

« Voltaire — disait très-bien Auger (1), il y a plus d'un demi-siècle, — Voltaire, nul n'oserait le nier, voulait l'avilissement et la destruction même de la religion. Il attribue à l'accroissement du Christianisme, comme à leur véritable cause, une grande partie des crimes et des maux qui ont désolé l'univers, depuis la fondation de l'empire d'Occident. Habituellement sceptique dans l'examen des affaires purement humaines, Voltaire cesse de l'être, dès que le sacerdoce est mêlé dans quelque événement. Il devient alors trop ou trop peu crédule, suivant qu'il s'agit du mal ou du bien. Il hésite à croire les actions généreuses et les vertus désintéressées, quand c'est à des prêtres qu'elles sont attribuées, et il ne doute plus des plus énormes crimes, quand c'est à des prêtres qu'ils sont imputés. »

Ceci est surtout vrai de l'*Essai sur les mœurs et l'esprit des nations*, livre dans lequel Voltaire — se faisant le continuateur de Bossuet, — a pris le contrepied du *Discours sur l'histoire universelle* et par lequel, sans s'en douter, il a ouvert la voie à l'éloquente apologie du *Génie du Christianisme*, le chef-d'œuvre de Châteaubriand, à l'aurore de notre siècle....

(1) Article *Voltaire*, dans la Biographie Michaud, tome XLIX, (1827), p. 498.

Le *Siècle de Louis XIV* est, pour Voltaire, le corollaire mais non la conclusion logique (comme il l'entendait tout d'abord), de l'*Essai sur les mœurs*.

Quoique le *Siècle de Louis XIV* soit celui des écrits de Voltaire qui lui a valu le plus d'éloges et le moins de critiques relativement, cependant il les méritait et elles ne lui ont pas manqué.

A l'époque où il publia ce livre, il se trouvait auprès de Frédéric de Prusse, dans les premiers temps de cette très-courte lune de miel philosophique, qui ne pouvait durer entre deux esprits aussi malicieux. Déjà Voltaire songeait à se préparer une rentrée en France ; car, en dépit de toute sa phraséologie, Berlin c'était toujours l'exil. Aussi, pour remettre en faveur cette production, tout d'abord sévèrement critiquée même en Allemagne, (c'est assez dire), avait-il consenti, à grand'peine cependant, à se soumettre à la révision de quelques personnages éminents, tels que le président Hénault, La Condamine, le maréchal de Noailles, pour ne citer que les principaux. La tâche était hérissée de difficultés sans nombre pour eux, et ils ne le sentaient que trop bien.

Le président Hénault écrivait au comte d'Argenson, le 31 décembre 1751 : « Voltaire m'a envoyé son livre, en me priant de lui envoyer des critiques, c'est-à-dire des louanges. J'ai beaucoup hésité à lui écrire, parce que je crains de le contredire.... Le défaut de ce premier tome, en général.... c'est que Louis XIV n'y est pas traité, à beaucoup près, comme il doit l'être... »

En s'adressant au président, quelques jours après, (8 janvier 1752), Voltaire, se faisant sinon modeste du moins petit, flattait son censeur pour le rendre le plus

13.

coulant possible sur bien des choses à reprendre dans son livre, au point de vue de l'exactitude. Rien de curieux comme le ton de l'ami de Frédéric, écrivant de Berlin au président : « Je jetterais mon ouvrage au feu, si je croyais qu'il fût regardé comme l'ouvrage d'un homme d'esprit.... Je hais les petits faits....

« Savez-vous bien que j'ai écrit de mémoire une grande partie du second volume ?... Je donne à la nation une supériorité dont les étrangers sont forcés de convenir.... Jugez de la persécution de la canaille des gens de lettres, puisqu'ils m'ont forcé d'accepter, ailleurs que dans ma patrie, des biens et des honneurs, et qu'ils m'ont réduit à travailler pour cette patrie même loin de vos yeux. »

Vanité et flagornerie que cela !....

Puis, au printemps de la même année (29 avril 1752), écrivant de Postdam au savant académicien, La Condamine :

« Je vous suis sensiblement obligé de vos remarques ; mais il y a bien plus de fautes que vous n'en avez observé. J'ai bien fait des péchés d'omission et de commission. Voilà pourquoi je voudrais que la première édition, qui n'est qu'un essai très-informe, n'entrât point en France. Jugez dans quelles erreurs sont tombés les La Martinière, les Reboulet et les *tutti quanti*, puisque moi, presque témoin oculaire, je me suis trompé si souvent. Ce n'est pas au moins sur le maréchal de la Feuillade. Je tiens l'anecdote de lui-même ; mais je ne devais pas en parler. La seconde édition vaudra mieux, et surtout le *Catalogue des écrivains* qui... pourra vous amuser. Je l'avais dicté pour grossir le second tome, qui était trop mince, mais je le compose à présent pour le rendre utile.... Je vous dirai : *Et ignorantias meas ne memineris....* »

De tels aveux.... involontaires sont une véritable confession, moins la contrition ; à peine si l'attrition s'y laisse soupçonner.

Moi, presque témoin oculaire, je me suis trompé si souvent ! Est-ce assez ineffable de grotesque fatuité ? Né en 1694, à la fin du grand siècle, comment Voltaire aurait-il pu, en quoi que ce soit, en être le *témoin oculaire* ? Il est vrai que le *presque* pallie un peu l'audace de l'assertion. *Je tiens l'anecdote de lui-même* ; toute la tactique de Voltaire est dans ces mots. Sa vanité était on ne peut plus flattée d'avoir reçu (il le disait du moins) les confidences de hauts personnages ; il est vrai qu'il n'invoquait ces témoignages que quand leurs auteurs étaient morts ; si cela compromettait quelqu'un, ce n'était pas lui, et c'était tout ce qu'il voulait pour les besoins de sa cause.

Il avoue d'ailleurs que son but était d'*amuser* et de *grossir* un tome *trop mince....*

Lui, qui, tout à l'heure, disait si haut au président Hénault : « Je hais les petits faits, » il n'a composé ses livres qu'avec des anecdotes plus que douteuses, toujours de provenance suspecte, telles, par exemple, que l'arquebuse ou la carabine de Charles IX, pendant la Saint-Barthélemy, anecdote qu'il a répétée à satiété et dans la mise en scène de laquelle on reconnaît trop bien l'esprit détestable qui la lui faisait accepter avec empressement et soutenir avec ardeur, pour que nous n'y insistions pas ici.

Dans *la Henriade* (chant II), Voltaire s'écrie :

> Que dis-je ! ô crime ! ô honte ! ô comble de nos maux !
> Le roi, le roi lui-même, au milieu des bourreaux,
> Poursuivant des proscrits les troupes égarées,
> Du sang de ses sujets souillait ses mains sacrées.

Et vîte en note, au bas de la page, il ajoute : « Voici ce que Brantôme ne fait pas difficulté d'avouer lui-même dans ses Mémoires : « Il (le roi) prit une grande arque-« buse de chasse qu'il avait et en tirait tout plein de « coups à eux. »

Puis, commentant ce texte, le rimeur qui s'est fait historien, poursuit : « Plusieurs personnes ont entendu conter à M. le maréchal de Tessé que, dans son enfance, il avait vu un gentilhomme âgé de plus de cent ans, qui avait été fort jeune dans les gardes de Charles IX. Il interrogea ce vieillard sur la Saint-Barthélemy et lui demanda s'il était vrai que le roi eût tiré sur les huguenots. « C'était moi, monsieur, répondit le vieillard, qui « chargeais son arquebuse (1). »

---

(1) Ce *vieillard* nous rappelle — moins le comique, — le La Rissole, mis en scène par Boursault, dans sa comédie *Le Mercure galant* (acte IV, scène VI), et qui veut être imprimé tout vif parce que (dit-il) :

> J'étais sur un vaisseau quand Ruyter fut tué,
> Et j'ai même à sa mort le plus contribué.
> Je fus chercher le feu que l'on mit à l'amorce
> Du canon qui lui fit rendre l'âme par force.

Les *plusieurs personnes* dont parlait Voltaire, en 1723, ayant probablement nié avoir entendu le propos attribué au maréchal de Tessé, le poëte crut prudent, dès 1724, de remplacer les *plusieurs personnes* par le maigre singulier : «*J'ai entendu* conter à M. le maréchal de Tessé, etc. » Le maréchal n'étant plus de ce monde, à cette époque, ne pouvait convaincre d'infidélité son interlocuteur.

Il y tenait à l'arquebuse qui — dans son *Essai sur les guerres civiles de France*, — se métamorphosa en carabine. « Ce qui est presqu'incroyable (dit-il), quoique cela ne soit que trop vrai, il (Charles IX) tira sur eux avec une carabine, » et, dans son *Histoire du Parlement :* « Charles IX lui-même tirait d'une fenêtre de son Louvre sur ceux de ses sujets qui échappaient aux meurtriers (1). » Jusque dans son *Dictionnaire philosophique* (2), Voltaire trouve moyen de reprendre la fameuse carabine et d'y joindre le persifflage, voire la bouffonnerie. « S'il (Charles IX) avait fait de bons vers, nous n'aurions pas eu la Saint-Barthélemy ; il n'aurait pas tiré de sa fenêtre avec une carabine sur ses propres sujets comme sur des perdreaux. »

Nous voilà un peu loin, ce semble, du *Siècle de Louis XIV* et de la méthode historique de Voltaire ; mais, nous y revenons par le chemin de traverse.

Donc, toujours de Prusse, Voltaire écrivait, en 1752(3), au maréchal de Noailles, cette fois : « J'oserai vous dire que le faible essai que j'ai donné n'a pas laissé, tout in-

---

(1) Chap. xxviii.
(2) Article *Charles IX*.
(3) 28 Juillet.

forme qu'il est, de détruire, même chez les Anglais, un peu de cette fausse opinion que cette nation, quelquefois aussi injuste que philosophe, avait conçue d'un roi respectable.... »

Et à propos des instructions familières de Louis XIV au duc d'Anjou, qui allait régner sur l'Espagne, Voltaire (1) exprime un dédain assez mal déguisé pour la bonhomie du grand roi : « Il y a beaucoup de lieux communs dans ce goût. Je vous avouerai même ingénument que je n'oserais pas les lire au roi de Prusse, dont je regarde l'estime pour tout ce qui peut contribuer à la gloire de notre nation comme le suffrage le plus précieux et le plus important.... Je dois songer que c'est à l'Europe que je parle.... Je vous parle avec la liberté d'un historien, d'un homme instruit de la manière de penser des étrangers.... »

« Cicéron a beau enseigner qu'un historien doit dire tout ce qui est vrai (2), je ne pense point ainsi. Tout ce qu'on rapporte doit être vrai, sans doute, mais je crois qu'on doit supprimer beaucoup de détails inutiles et odieux.... »

Quelques réflexions ne sont pas ici *inutiles*.... *Aussi injuste que philosophe*, à propos des Anglais, nous semble encore plus vrai, surtout parfaitement vrai de Voltaire et des sophistes, ses sectateurs. Et quelle pruderie que celle qui ne comprend pas la bonhomie de ce roi qui, avant tout, est un aïeul pour le duc d'Anjou et lui parle

---

(1) Ibid. ut sup.
(2) Ne quid falsi dicere audeat; deinde ne quid veri non audeat. — Cicéron, *De Oratore,* II, 15.

à cœur ouvert ! Voltaire avoue *ingénument* (l'ingénuité de Voltaire !) qu'il n'oserait pas exposer Louis XIV à la risée de Frédéric. Quel rapprochement *odieux*, s'il en fût jamais, que celui-là ! En vérité, cela ferait pouffer de rire si l'on n'était pas tant indigné. Frédéric érigé en censeur de Louis XIV !...

Mais, la vanité grotesque de l'homme de Ferney éclate à plein bord dans cette forfanterie : « C'est à l'Europe que je parle. » Il dit aussi à La Condamine, à la même époque : « L'ouvrage deviendra nécessaire à la nation. »

Mais, puisque Voltaire croyait que l'historien devait *supprimer beaucoup de détails odieux et inutiles*, pourquoi lui, qui se piquait tant d'être historien, insistait-il sur l'arquebuse de Charles IX et sur mille autres *petits faits*, pour lesquels il proclamait cependant si haut sa haine ?

Comme le fait très-judicieusement remarquer M. Ed. Fournier : « Le *Siècle de Louis XIV* est de tous les livres de Voltaire celui où il a le plus abusé des accommodements qu'on peut se permettre avec la vérité (1). »

Parmi les critiques, contemporains de Voltaire, il en est un dont le nom — grâce aux injures que lui a prodiguées l'homme de Ferney, — est parvenu jusqu'à nous et dont nous ne pouvons passer sous silence le remarquable travail ; nous voulons parler du jésuite Nonotte et de son livre intitulé : *Les erreurs de Voltaire*. Publié en 1762, cet ouvrage n'a rien perdu de son actualité et est celui où la méthode historique de l'auteur du *Siècle de Louis XIV* a été le mieux démasquée ; après l'abbé

---

(1) L'Esprit dans l'histoire, 3ᵉ édit. (1867), p. 307.

Guénée, nul critique n'a plus irrité Voltaire, — c'est assez dire que ses traits portaient juste.

« Nonotte — dit M. Weiss, — osa signaler quelques-unes des erreurs historiques de Voltaire qui ne cessa, pendant près de vingt ans, de l'accabler d'injures et de sarcasmes. En 1762, Nonotte fit paraître sous le titre d'*Erreurs de Voltaire*, un examen critique de l'*Essai sur l'histoire générale* (1) de cet auteur, dont il releva les fausses citations et les principes irréligieux. Nonotte opposa aux injures et aux plaisanteries de Voltaire des raisonnements toujours victorieux. Les *Erreurs*, souvent réimprimées, ont été traduites en italien, en allemand et en espagnol. Le style en est clair et vigoureux, et l'auteur joint une saine critique à une connaissance profonde de l'histoire (2). »

Nous ne pouvons donc avoir un meilleur guide que Nonotte à travers le *Siècle de Louis XIV*, de Voltaire, qui lui-même s'est chargé de nous l'offrir et de le recommander à notre attention par la persistance avec laquelle il n'a cessé de le poursuivre. Avoir Voltaire pour ennemi, c'est n'être pas un homme ordinaire, témoin Fréron, par exemple, pour ce qui a trait à la critique littéraire, au siècle dernier. L'heure de la justice a depuis longtemps sonné pour Nonotte comme pour Voltaire ; ils sont insé-

---

(1) C'est le premier titre de la compilation qui, bientôt, prit celui plus ambitieux et non moins justifié d'*Essai sur les mœurs et l'esprit des nations*.

(2) Article *Nonotte* dans la Biographie Michaud, tome XXXI, (1822), p. 355-356.

parables désormais, l'un dans les voies de la vérité, l'autre dans celles du mensonge.

Ouvrons donc *Les Erreurs de Voltaire*, et passons en revue les principales fautes dont l'auteur du *Siècle de Louis XIV* s'est rendu coupable envers la mémoire des hommes et des choses de cette époque, grande entre toutes, en dépit de ses défaillances et même de ses erreurs.

Et d'abord, quelques remarques sur l'introduction à l'histoire de ce siècle, illustre entre tous ceux de la monarchie française. « L'idée qu'en donne M. de Voltaire est à la vérité des plus brillantes. Mais souvent on y rencontre bien plus le poëte qui imagine que l'historien qui raconte. Pour relever l'éclat du siècle qu'il peint, il charge les autres d'ombres trop fortes. Il paraît plus amateur de contrastes frappants que de la vérité. Il oublie quelquefois dans cette histoire ce qu'il a attesté dans l'Histoire générale et affirme avec assurance les deux contradictoires. Enfin, la manière dont il parle des affaires qui concernent l'Eglise et la religion se sent bien plus de l'homme né à Londres et protestant que de l'homme né à Paris et élevé dans la religion catholique. »

Ainsi pose la question Nonotte (1) et avec grande raison ; car, tout le système des appréciations de Voltaire découle de ce parti-pris à peu près exclusif.

Il annonce d'abord que pendant neuf cents ans avant Louis XIV la France n'a eu qu'un gouvernement gothique, « sans lois, ni coutumes fixes ; les nobles vivant

(1) *Les Erreurs de Voltaire*, tome I, p. 446 et 447.

« dans l'oisiveté, les ecclésiastiques dans le désordre et
« dans l'ignorance et les peuples dans la misère (1). »

Mais, en faisant cet affreux portrait de l'état où fut la nation durant neuf siècles, il manque également à la décence et à la vérité. Il semble qu'il ignore quelle fût la gloire du règne de Charlemagne, les admirables réglements et les établissements de saint Louis, la sagesse de Charles V, la tendresse paternelle de Louis XII pour ses peuples, la renaissance des lettres et des arts sous François Ier, les sages ordonnances faites sous les derniers Valois et qui sont encore une des plus belles parties de notre jurisprudence. Il est donc bien faux que le gouvernement de France ait été pendant neuf cents ans *tout gothique, sans coutumes fixes et sans lois.*

Quant à l'ignorance et au désordre des ecclésiastiques, on ne s'attend pas à d'autre jugement de la part de Voltaire.

Pour ce qui regarde l'état et la misère du peuple, elle a toujours été à peu près la même dans tous les temps.

Voltaire, qui aime mieux amuser par des contrastes frappants qu'instruire en présentant la vérité, nous dit qu'*à l'avènement de Louis XIII à la couronne, Paris n'était pas décoré de quatre beaux édifices* (2). Mais, il ne fait donc pas attention qu'une partie de ceux qu'on admire encore le plus aujourd'hui dans la capitale n'ont été faits ni par Louis XIII, ni par Louis XIV. Les Tuileries sont de Catherine de Médicis. La moitié du Lou-

(1) *Siècle de Louis XIV*, chap. I.
(2) Ibid.

vre est de Henri II et de ses successeurs jusqu'à Henri IV. Le Luxembourg est de Marie de Médicis. Le fameux portail de Saint-Gervais est du même temps.

La superbe colonnade du Louvre et la porte Saint-Denis, bâties sous Louis XIV, sont peut-être les seuls édifices qui puissent le disputer pour le goût, l'air majestueux, avec les précédents.

Voltaire a beau nous dire que François Ier encouragea les talents mais qu'il n'eut ni des Michel-Ange, ni des Palladio. Cependant, il est sûr, que ni les Michel-Ange, ni les Palladio n'auraient pas rougi qu'on eût mis à leurs côtés les Jean Bullant, les Philibert de l'Orme, les Lescot, qui ne tardèrent pas à enrichir la France des plus beaux édifices qu'on y voit encore aujourd'hui. Si l'on en excepte la colonnade du Louvre, les architectes du siècle de Louis XIV n'ont presque rien fait d'aussi beau que les architectes du siècle précédent.

Le goût pour les beaux-arts et pour les sciences a été plus universel et plus répandu dans la nation sous Louis XIV que sous aucun autre prince. On en voit d'abord la raison. Sa sagesse et ses libéralités encouragèrent les talents. Il eut de grands ministres qui le secondèrent. La durée de son règne affermit ses beaux établissements. On eut des génies dans tous les genres. Tout cela est vrai. Mais il ne faut pas dire pour cela que notre nation ait été une nation toute *gothique* jusqu'au siècle de Louis XIV.

Voltaire nous assure, dans ce chapitre, que l'argent des Français fut une des raisons qui attira Gustave-Adolphe du fond de la Suède en Allemagne ; et dans son *Histoire générale*, il nous assure que cela est faux. Comparez ces deux textes.

« L'intérêt, la vengeance et la fierté appelaient Gustave-Adolphe en Allemagne. Il était vainqueur en Poméranie quand la France fit son traité avec lui. Neuf cent mille francs une fois payés, et douze cent mille francs par an qu'on lui donna, n'étaient ni un grand effort de politique ni un secours suffisant. Gustave-Adolphe fit tout par lui-même (1). »

Et dans *le Siècle de Louis XIV* (2), il dit : « L'argent des Français et les cris de tous les protestants appelèrent enfin du fond de la Suède Gustave-Adolphe, le seul roi de ce temps-là qui pût prétendre au nom de héros. »

Comparez ces textes, et jugez combien Voltaire est fidèle et attentif à ne dire que la vérité.

Si de là nous passons à l'histoire de la minorité et du règne de Louis XIV jusqu'à la mort de Mazarin, dans l'ouvrage de Voltaire, nous y trouverons bien des faits altérés, des contradictions, et quelquefois de misérables anecdotes, qui ne peuvent venir que des sources les plus méprisables. L'on y voit aussi paraître les plus fameux personnages, les Condé, les Turenne, les Cromwell, les Mazarin, etc. Mais les portraits que Voltaire nous en fait sont si infidèles, que ces personnages ne sont plus reconnaissables.

« On ne s'attachera dans cette histoire (c'est Voltaire qui parle) qu'à ce qui mérite l'attention de tous les

---

(1) *Essai sur les mœurs*, etc., chap. CLXXVIII.
(2) Chap. I.

« temps, à ce qui peut peindre le génie et les mœurs des
« hommes, à ce qui peut servir d'instruction et conseil-
« ler l'amour de la vertu, des arts et de la patrie (1). »

Qui croirait que cet historien philosophe, après ces graves promesses, nous rapporte de ces basses pasquinades qui ne pouvaient avoir cours que sur le Pont-Neuf? La reine régente, Anne d'Autriche, n'était, dit-il, appelée que *dame Anne.* « Le prince de Condé, écrivant
« au cardinal Mazarin, lui mettait cette adresse : *All'il-*
« *lustrissimo signor faquino*. La tête du cardinal Mazarin
« ayant été mise à prix par le Parlement, on fit imprimer
« une répartition, de la somme, tant pour qui lui cou-
« perait le nez, tant pour une oreille, tant pour un
« œil, etc. (2). » On passerait ces misérables anecdotes à certains faiseurs d'historiettes et de mémoires, ouvrages ordinairement aussi méprisables que leurs auteurs. Mais, aurait-on dû les attendre de celui qui ne veut s'attacher qu'*à ce qui mérite l'attention de tous les temps et conseiller l'amour de la vertu, des arts et de la patrie.*

Après avoir rapporté ces méprisables anecdotes, il altère ensuite avec hardiesse les faits les plus constants. « Le duc d'Enghien, dit-il, après la bataille de Fribourg,
« retourne à Paris, laisse son armée au maréchal de
« Turenne. Mais ce général, tout habile qu'il est déjà,
« est battu à Mariendal. Le prince revole à l'armée et
« joint à la gloire de commander encore Turenne celle de
« réparer sa défaite (3). »

---

(1) Chap. I.
(2) *Siècle de Louis XIV*, chap. IV.
(3) Chap. III.

A la manière dont parle Voltaire, on dirait que cette armée, battue sous Turenne, était la même qui avait été peu de temps auparavant victorieuse sous Condé, et que le retour subit et la présence du prince rétablirent seuls les affaires. Mais l'histoire parle tout différemment que ne le fait Voltaire. Elle nous apprend : 1° qu'il y avait près d'un an d'intervalle entre l'une et l'autre action, puisque l'une était du 5 août et l'autre du 5 mai de l'année suivante ; 2° que Turenne n'avait qu'une partie de l'armée qu'avait commandée M. le Prince, qui ne lui avait guère laissé que quelques régiments nouvellement levés; 3° que M. le Prince mena avec lui les secours que Turenne avait inutilement demandés et qui faisaient un corps de huit mille hommes ; 4° que Turenne, malgré sa défaite, fit encore respecter les armes du roi le reste de la campagne par la plupart des princes allemands.

La gloire du grand Condé est assez bien établie pour n'avoir pas besoin d'être relevée par l'obscurcissement de celle de Turenne. Ce prince aurait méprisé celui qui aurait pris ce tour pour le louer.

« Le cardinal Mazarin — dit Nonotte dans une page remarquable (1), — était un de ces hommes qui semblent être nés pour régir et gouverner des Etats. Ses desseins étaient toujours justes et réguliers et toujours intéressants pour le roi et pour la nation. S'il rencontrait des obstacles, il ne se piquait pas de les surmonter par la force. Il s'en détournait avec habileté et parvenait toujours heureusement à son but. Jamais on ne lui fit prendre le change, et il ne manqua presque jamais de le faire

---

(1) Tome I, p. 458 et 459.

prendre aux autres. Il fut souvent outragé, et il dédaigna les outrages. Il s'en crut assez dédommagé par la plénitude d'autorité qu'il conserva toujours dans l'Etat, malgré l'animosité jalouse des grands et la puissance des factions ennemies. Les traités de Westphalie et des Pyrénées sont les plus avantageux que la France eût faits depuis plus de quatre cents ans. Mazarin eut beaucoup de part au premier et fit seul le second. La réunion de l'Alsace, du comté de Bourgogne et d'une partie des Pays-Bas à la couronne, et ensuite la succession à la monarchie espagnole, en ont été les fruits. »

Voilà ce qu'a été et ce qu'a fait un homme que Voltaire méprise.

Les raisonnements qu'il fait en parlant du cardinal Mazarin sont remarquables : « C'est une erreur, dit-il, de « supposer une étendue d'esprit prodigieuse dans ceux « qui ont gouverné des empires avec quelque succès. Ce « n'est point une pénétration supérieure qui fait les hom-« mes d'Etat, c'est leur caractère. Nos entreprises « dépendent uniquement de la trempe de notre âme, et « nos succès dépendent de la fortune (1). »

Il serait bien difficile de deviner ce que signifient tous ces grands mots de Voltaire. Les passions de l'homme, voilà ce qui forme le caractère de l'homme et ce qu'on peut appeler la trempe de l'âme. La pénétration, la sagesse, la fécondité et la variété des vues, la connaissance des ressources et des moyens, c'est ce qui fait le génie. Est-il donc bien vrai que ce n'est que de la trempe de l'âme que dépendent nos entreprises, et que ce n'est que

(1) Chap. vi.

le caractère qui fait les grands hommes d'Etat ? Le génie n'y entre-t-il pour rien ?

« Les hommes, ajoute Voltaire, pour peu qu'ils aient « de bon sens, voient tous à peu près leurs intérêts. Un « bourgeois d'Amsterdam ou de Bergame en sait sur ce « point autant que Séjan, Ximénès, Buckingam, Riche- « lieu ou Mazarin (1). »

C'est comme si l'on disait qu'un sergent qui conduit une escouade en sait autant pour la guerre qu'un Condé, un Turenne, ou bien qu'il ne faut pas plus de génie, de lumières, de pénétration, de force d'esprit pour faire mouvoir avec justesse et avec succès tous les ressorts d'un grand État que pour gouverner avec économie une famille bourgeoise. C'est ainsi que raisonne Voltaire.

C'est par l'effort d'une semblable logique qu'il veut persuader (2) que le traité des Pyrénées n'a été ni aussi glorieux à Mazarin ni aussi avantageux à la France qu'on le croit.

La haine de Voltaire contre tout ce qui a trait à la religion catholique et à ses ministres est telle que, dès le début de son livre, il n'a rien de plus pressé que de mettre Cromwell en parallèle avec le cardinal Mazarin, pour donner la préférence au révolutionnaire anglais; son portrait de Cromwell est la contre-partie de celui que Bossuet a tracé du même personnage, dans l'oraison funèbre de la reine d'Angleterre.

« Cromwell, — dit Voltaire (3), — cet usurpateur

---

(1) Chap. vi.
(2) *Siècle de Louis XIV*, chap. vi.
(3) Ibid.

digne de régner, affermit son pouvoir en sachant le réprimer à propos. Il n'entreprit point sur les priviléges dont le peuple était jaloux, il ne mit aucun impôt dont on pût murmurer, il n'offensa point les yeux par trop de faste, il ne se permit aucun plaisir, il n'accumula point de trésors, il eut soin que la justice fût observée avec cette impartialité impitoyable qui ne distingue point les grands des petits.

« Le frère de l'ambassadeur de Portugal fit assassiner un citoyen de Londres et fut condamné à être pendu. Cromwell, qui pouvait lui faire grâce, le laissa exécuter et signa le lendemain un traité avec l'ambassadeur.

« Jamais le commerce ne fut si libre ni si florissant. Jamais l'Angleterre n'avait été si riche ; ses flottes victorieuses faisaient respecter son nom dans toutes les mers. Toutes les nations de l'Europe, qui avaient négligé l'alliance de l'Angleterre sous Jacques Ier et sous Charles, la briguèrent sous le Protecteur.

« Il mourut avec la fermeté d'âme qu'il avait montrée toute sa vie. Il fut enterré en monarque légitime et laissa la réputation d'un grand roi, qui couvrait les crimes d'un usurpateur. »

Outre cela, Voltaire fait voir toute l'Europe tremblante devant Cromwell, la Hollande humiliée, l'Espagne vaincue, le Portugal obéissant, la France forcée à briguer son appui. « Voyons — dit à son tour, Nonotte, — si ces magnifiques traits par lesquels on nous peint Cromwell s'accordent avec la vérité et si M. de Voltaire s'accorde avec lui-même. »

« Cromwell — dit-il, — affermit son pouvoir en sachant le réprimer ; il n'entreprit point sur les priviléges dont le peuple était jaloux. » Et il nous dit, dans son *Histoire générale* (1), que ce même Cromwell traita le Parlement, c'est-à-dire les Etats généraux de la nation, avec la dernière indignité. L'usurpateur, dit-il encore, se rendit au Parlement, suivi d'officiers et de soldats choisis, qui s'emparèrent de la porte. Dès qu'il eut pris sa place : « Je crois, dit-il, que ce Parlement est assez mûr pour être dissous. » Quelques membres lui ayant reproché son ingratitude, il les chargea d'injures. Il dit à l'un qu'il est un ivrogne, à l'autre qu'il mène une vie scandaleuse... Ses officiers et ses soldats entrent dans la chambre. « Qu'on emporte la masse du Parlement, dit-« il ; qu'on nous défasse de cette marotte. » Il fait ensuite sortir tous les membres du Parlement l'un après l'autre, ferme la porte et emporte les clefs dans sa poche. »

« Il nous dit ici que *Cromwell ne mit aucun impôt dont on pût murmurer*. Et dans l'*Histoire générale* il dit que ce même *Cromwell mène son armée à Londres, saisit toutes les portes, fait payer à l'armée 40,000 livres sterling*, c'est à-dire près d'un million. *Il mourut*, dit encore Voltaire, *avec la fermeté d'âme qu'il avait montrée toute sa vie*. Et ailleurs il dit qu'*il mourut d'une fièvre occasionnée probablement par l'inquiétude causée par la tyrannie. Car, dans les derniers temps, il craignait toujours d'être assassiné, et il ne couchait jamais deux nuits de suite dans la même chambre* (2). »

(1) *Essai sur les mœurs*, etc., chap. CLXXXI.
(2) Ibid., ut sup.

Telles sont les contradictions flagrantes, énormes, que l'on rencontre d'une page à l'autre, dans les ouvrages de Voltaire, sans compter les faussetés évidentes dont, par exemple, ce prétendu portrait est accompagné et comme encadré.

Il est faux que Cromwell signât un traité avec l'ambassadeur de Portugal, le lendemain du jour qu'il avait fait exécuter à mort le frère de cet ambassadeur. Il y eut deux ans d'intervalle entre l'exécution et le traité.

Il est faux qu'il n'entreprît point sur les priviléges du peuple, puisqu'il n'oublia rien pour se faire déclarer roi, ainsi que le prouvent Hume et Rapin de Thoyras.

Il est faux que le commerce n'ait jamais été si florissant que sous Cromwell, puisque ce fut la reine Elisabeth qui fit les plus grands établissements en Amérique et qui donna naissance à la plupart des manufactures d'Angleterre. Voltaire en convient lui-même, dans son *Histoire générale*, en parlant d'Elisabeth.

Il est faux que Cromwell força la France à briguer son appui. Les Espagnols, avec qui nous étions en guerre, traitaient d'une alliance avec le Protecteur contre la France. L'habile Mazarin profita si bien des circonstances qu'il fit déclarer pour nous celui que les Espagnols pressaient de se déclarer contre nous. Voilà ce que Voltaire représente (1) comme une humiliation pour la France et comme une preuve de la supériorité de l'Angleterre.

Et le reste à l'avenant....

Voltaire a-t-il été plus exact et plus véridique en par-

---

(1) *Siècle de Louis XIV*, chap. vi.

lant du grand Condé ? Ni l'un, ni l'autre, comme on va s'en convaincre. Soixante ans après la mort de cet illustre capitaine, Voltaire nous apprend sur cet homme célèbre des anecdotes dont les auteurs n'avaient point encore parlé. Il nous dit que ce feu dévorant, qui en avait fait dans sa jeunesse un héros impétueux et plein de passions, ayant consumé les forces de son corps, il éprouva la caducité avant le temps. « Son esprit, dit-il encore (1), s'affaiblissant avec son corps, il ne resta rien du grand Condé les deux dernières années de sa vie (2). » Il ne nous dit pas de qui il tient cette étrange anecdote. Mais, voici le mystère de cette assertion à la fois si tranchante et si peu justifiée.

« Le génie du grand Condé pour les sciences, pour les beaux-arts et pour tout ce qui peut être l'objet des connaissances de l'homme ne le cédait point dans lui à ce génie presque unique pour conduire et commander les armées. Ce feu et cette vivacité qui faisaient son caractère le portèrent à examiner toutes les différentes religions. Il lut avec avidité les plus fameux livres de tous

---

(1) *Siècle de Louis XIV,* chap. XII.

(2) Croirait-on qu'à l'observation que le président Hénault adressa à Voltaire, au sujet de cette étrange assertion Voltaire eut l'audace de répondre : « C'est vous autres, messieurs, qui avez la tête pleine de la faiblesse qu'eut le prince de Condé, les dernières années de sa vie, et vous croyez que j'ai dit ce que vous pensez. Mais, en vérité, je n'en dis rien, *quoiqu'il fût très-permis de l'écrire.* »

Peut-on mentir plus effrontément que le fait ici (et toujours) Voltaire ?

les sectaires, des athées, déistes, impies et libertins. Il avait souvent conféré avec les plus habiles docteurs et les plus grands philosophes qu'il avait pu rencontrer. Enfin, après des lectures immenses et des discussions infinies, il conclut qu'il n'y avait point de religion que la religion catholique.... C'est le témoignage qu'on lui entendit rendre mille fois.

« La vie de ce prince n'avait guère été conforme à sa créance ; mais, dans la douce tranquillité de sa retraite de Chantilly, il songea sérieusement à mettre ordre aux affaires de sa conscience. Il parut alors aussi grand par sa fidélité à tous les devoirs de la religion qu'il l'avait été à la tête des armées. L'on ne vit jamais une conduite plus édifiante et plus chrétienne que celle qu'il y mena, les deux dernières années de sa vie (1). »

Ce sont ces deux années que Voltaire appelle *des années d'affaiblissement d'esprit*.

« Une pareille réflexion, dit avec raison Nonotte, que nous venons de citer, est un outrage à la mémoire du grand Condé et à la religion (2). »

Turenne n'a pas trouvé davantage grâce devant l'auteur du *Siècle de Louis XIV*, Turenne, si bon, si sympathique, cet homme « qui (suivant le mot d'un illustre adversaire) (3) faisait honneur à l'homme ! »

Peut-on pardonner à un Français la manière dont Voltaire parle d'un si grand homme ? Il aurait honte d'en dire du mal, et il ne peut presque se déterminer à

---

(1) *Les Erreurs de Voltaire* (édit. de 1766), tome I, p. 472-474.
(2) Ibid., p. 474.
(3) Montecuculli.

en dire du bien. Ce qu'il est forcé d'en avouer est toujours artificieusement mêlé de réflexions sur ses fautes et sur ses défauts, qu'il exagère excessivement et presque toujours contre la vérité (1).

Les vertus civiles étaient en un degré aussi haut dans Turenne que les talents militaires. Il y joignit, depuis sa conversion, une piété très-édifiante. Voltaire tâche de rendre suspecte la pureté des motifs de sa conversion (2). Ces soupçons injurieux ne montrent que la passion de l'écrivain.

(1) *Siècle de Louis XIV*, chap. xii.
(2) Cs. Ibid. ut sup. et la lettre de Voltaire au président Hénault, du 8 janvier 1752. Voltaire avait dit, dans le *Siècle de Louis XIV* (chap. xii) : « Né calviniste, il s'était fait catholique, l'an 1668. Aucun protestant et même aucun philosophe ne pensa que la persuasion seule eût fait ce changement dans un homme de guerre, dans un politique âgé de cinquante années... Enfin il était très-vraisemblable que Turenne ne quitta la religion de ses pères que par politique ; mais les catholiques, qui triomphèrent de ce changement, ne voulurent pas croire l'âme de Turenne capable de feindre. »
Le président Hénault, ayant fait à Voltaire des observations sur ce passage, en reçut cette réponse : « Si vous pouvez croire sérieusement que le vicomte de Turenne changea de religion, à cinquante ans, par persuasion, vous avez assurément une bonne âme. Cependant si, en faveur du préjugé, il faut adoucir ce trait, de tout mon cœur, je ne veux point choquer d'aussi grands seigneurs que les préjugés. »
Tout Voltaire est dans cet entêtement diabolique dans le mensonge et dans la calomnie.

On demandait un jour à quelqu'un pourquoi Voltaire, qui est si prodigue des plus magnifiques éloges pour Marlborough, en est si avare pour Turenne ? « C'est, répondit-on, que l'un était Anglais et l'autre Français, l'un protestant et l'autre catholique. » On aurait pu ajouter : « L'un un homme d'argent, l'autre le désintéressement en personne. »

Mais (car il faut abréger ces citations), mais, ce qui est le comble de la duplicité de la part de l'auteur du *Siècle de Louis XIV*, c'est le parallèle qu'il essaie d'établir entre Louis XIV et le prince d'Orange.

« Il faut, dit avec ironie Nonotte (1) avoir toute l'autorité et la plénitude de génie qu'a M. de Voltaire pour oser proposer un tel parallèle. » Voltaire ne sait lequel de ces deux princes a mieux mérité le surnom de *grand*. Il examine, il doute, enfin il laisse la chose indécise. Voici en peu de mots ce qu'ont fait et ce qu'ont été ces deux princes.

Le prince d'Orange, sans avoir aucun droit à la couronne d'Angleterre, fomenta les rébellions et les perfidies pour l'enlever à son beau-père. Louis XIV se sacrifia pour placer son petit-fils sur le trône d'Espagne, où les droits de la naissance, le testament de Charles II et les vœux des Espagnols l'appelaient.

Le prince d'Orange perdit presque autant de batailles qu'il en livra, et l'on ne connaît point de général qui ait été si souvent battu. Louis XIV n'a jamais attaqué de villes qu'il n'ait prises, il a créé une marine qui est devenue la terreur de ceux qui se disaient les maîtres de la

---

(1) Ibid. ut sup., p. 482.

mer, il a soutenu avec les plus brillants succès les efforts de toute l'Europe liguée contre lui.

Le prince d'Orange n'a fait aucun établissement qui ait augmenté la puissance, la force et la gloire de l'Angleterre. Louis XIV, en établissant toute sorte de manufactures dans toute l'étendue de ses Etats, en protégeant les sciences et les arts, en encourageant les talents, a vu tout parvenir à la perfection sous son règne; il a fait de la France le centre du bon goût, de l'industrie et des richesses.

Le prince d'Orange avait une politique sombre, qui n'était fondée que sur une dissimulation profonde, qui sacrifiait quelquefois les droits les plus sacrés pour parvenir à ses fins, qui ne fut mêlée d'aucune de ces qualités qui peuvent faire respecter et aimer un prince. Louis XIV eut une politique qui respecta toujours le droit des gens, qui se fit souvent admirer de ceux même de qui il triomphait, qui ne prit jamais d'autres moyens que ceux qu'un grand prince peut avouer sans honte.

Eh bien! c'est entre ces deux princes que Voltaire paraît incertain, et il n'ose pas décider lequel des deux a mieux mérité le surnom de *grand*...

Telle est l'argumentation claire, vigoureuse et victorieuse de Nonotte, tant vilipendé par l'auteur du *Siècle de Louis XIV*, qui oublie trop souvent, pour ne pas dire toujours, que des injures ne sont pas des raisons.

Ne sachant que répondre à Nonotte, et en même temps ne voulant pas rester sous le coup de ce qu'il appelait « les fourberies d'un calomniateur, » il emprunta le nom d'un de ses affidés, Damilaville, pour envoyer une bordée de grossièretés à son adversaire (1), — ce qui était plus facile que de le convaincre d'erreur.

« Je voudrais bien (c'est Voltaire qui parle par l'organe de Damilaville,) qu'il (Nonotte) nous dise dans quel endroit du premier volume des *Mélanges de littérature*, etc., (de Voltaire,) qu'il a l'audace de citer, il a pris que « Cromwell, selon M. de Voltaire, depuis qu'il eût
« usurpé l'autorité royale, ne couchait pas deux nuits
« dans une même chambre, parce qu'il craignait toujours
« d'être assassiné; qu'il mourut, avant le temps, d'une
« fièvre causée par ses inquiétudes.

« Dans quel autre endroit, chapitre V du *Siècle de*
« *Louis XIV*, M. de Voltaire a-t-il écrit que Cromwell
« respectât les lois ?

« Il faut avouer que si ce critique théologien n'est pas
« fidèle il est au moins bien fécond en invention.

« De tout ce qu'on vient de voir qu'il attribue à M. de
« Voltaire, au sujet de Cromwell, ces mots seuls, *qu'il*
« *mourut avant le temps*, sont vrais ; tout le reste est de
« la composition du libelliste. »

Puis, Voltaire se tourne et se retourne de toutes les manières pour rajuster, expliquer, adoucir, justifier ses textes. Il défie toute la malice du libelliste de faire remarquer une seule contradiction dans ces passages.

---

(1) Cs. Eclaircissements historiques, à l'occasion d'un libelle calomnieux contre l'*Essai sur les mœurs*, etc., par M. Damilaville. — Ces *Eclaircissements*, dont Voltaire parle dans sa lettre a Dalembert, du 28 novembre 1762, parurent en 1763, dans le tome VII de la réimpression de l'*Essai sur l'histoire générale*, devenu depuis l'*Essai sur les mœurs* : ils étaient alors sans nom d'auteur.

Or, répond Nonotte (1), il s'agit ici de deux points : 1° Les deux textes sont-ils contradictoires? 2° Sont-ils, quant à la substance, fidèlement extraits des œuvres de Voltaire ?

Il ne faut pas certainement beaucoup de pénétration pour apercevoir la contradiction qu'il y a entre les deux propositions suivantes :

« — Cromwell passa sa vie dans le trouble et mourut, avant le temps, d'une fièvre causée par ses inquiétudes. »

— Cromwell mourut avec la fermeté d'âme qu'il avait montrée toute sa vie. »

Car, comment accorder *ces troubles de sa vie, ces craintes perpétuelles, ces fièvres causées par ses inquiétudes* avec *cette fermeté d'âme qu'il montra toute sa vie*, et qui l'accompagna jusqu'à la mort? Comment accorder encore cette brillante *réputation d'un grand roi* avec la cruauté *qui se baigne dans le sang* ?

Ces deux propositions sont véritablement et fidèlement extraites de Voltaire. (*Histoire générale*, chapitre CXLIX et *Mélanges*, chapitre XXXVIII).

C'était un crime que d'avoir raison contre l'homme de Ferney; aussi la logique irrésistible de Nonotte lui valut-elle, une fois de plus, de son ennemi intime, les épithètes d'*impudent*, de *fripon*, d'*insolent*, de *calomniateur*, d'*ignorant*, de *fanatique*, de *téméraire*, d'*audacieux*, de *libelliste*, d'*oison*, de *falsificateur*, de *malheureux*, etc., auxquelles Nonotte se contenta de répondre (2) avec autant de calme que d'à propos :

(1) Tome II, p. 469 et suiv.
(2) Ibid. ut sup., p. 475.

« Pour ce qui regarde ces graves accusations *de crime etdemensonge,* on sait que, quand elles partent de certaines bouches, elles deviennent par là-même des témoignages et des preuves de vertu et de vérité.»

Tel est ce *Siècle de Louis* XIV tant vanté et proclamé une œuvre pleine d'impartialité et des plus glorieuses à la mémoire de Louis XIV ; on vient de voir ce qu'il faut penser de ces deux assertions par les quelques citations que nous en avons faites, qu'il nous eût été facile de multiplier, mais que les bornes de ce livre nous ont interdit d'étendre davantage, à notre grand regret.

Voilà pourtant comment se font certaines réputations d'hommes et de livres et, pour terminer par une citation de Voltaire lui-même :

Et voilà justement comme on écrit l'histoire (1) !

---

(1) Charlot, Acte I, scène VII.

LES VÊPRES SICILIENNES.

Rien n'a plus servi à perpétuer, en le popularisant, le mensonge historique des *Vêpres siciliennes* et celui de *La Saint-Barthélemy*, que les souvenirs religieux qui en forment les titres, —le nom d'un office de l'Église et celui d'un apôtre. De là à conclure que la religion a trempé dans ces deux événements, il n'y a pas un doute pour les ennemis du Catholicisme.

La question est surtout de savoir si les *Vêpres siciliennes* furent préméditées, et si Jean de Procida fut l'auteur et le bras dirigeant de cet événement tragique dont a exagéré, outre mesure et au-delà de la vraisemblance, les proportions ainsi que les conséquences.

Au siècle dernier, Voltaire (de quoi n'a-t-il pas parlé?), dans un accès de bon sens, a deviné ou pressenti la vérité sur cet épisode historique du treizième siècle. « Il n'est guère vraisemblable — dit-il, — qu'on eût trouvé précisément la conspiration des Vêpres siciliennes, si le complot avait été formé, c'était dans le royaume de Naples qu'il fallait principalement l'exécuter ; et cependant aucun Français n'y fut tué (1). » Et ailleurs : « On dit toujours que ce furent des Français qui furent massacrés à ces Vêpres siciliennes, parce que la Provence est aujourd'hui à la France ; mais elle était alors province de l'Empire, et c'était réellement des impériaux qu'on égorgeait (2). » Enfin : « L'opinion la plus probable est que ce massacre ne fut point prémédité... Il paraît que ce fut un mouvement subit dans le peuple, animé contre les Provençaux, qui le déchaîna tout d'un coup et qui fit couler tant de sang.... Les innocents périrent avec les coupables (3). »

Vers la fin du dix-huitième siècle, Koch — dans son *Tableau des révolutions de l'Europe*, — corroborait, avec les témoignages historiques, les conjectures de Voltaire : « Cet événement, qu'on regarde communément comme la suite d'un plan de conjuration, concerté avec adresse par un gentilhomme salernitain, nommé Jean de Procida, paraît n'avoir été que l'effet subit d'une insurrection causée par l'aversion que les Siciliens avaient pour la domination des Français....

« De Palerme l'insurrection s'étendit successivement dans les autres villes de la Sicile. Messine éclata la dernière ; la révolution n'y eut lieu que le 29 avril, trente jours après l'événement de Palerme. Il est donc faux que le

---

(1) Essai sur les mœurs, chap. LXI.
(2) Annales de l'Empire, Rodolphe Ier.
(3) Des conspirations contre les peuples.

massacre des Français soit arrivé à la même heure, au son des vêpres, dans toutes les parties de l'île (1). »

Et Koch cite, en note, les principaux historiens plus ou moins contemporains qui ont raconté diversement ce fait, et d'abord Barthélemy de Neocastro, écrivain distingué et témoin oculaire de l'événement, qu'il rapporte en détail dans son Histoire de Sicile (2) ; Nicolas Speciali, qui écrivait au commencement du quatorzième siècle, narre ce fait avec les mêmes circonstances. Le premier chroniqueur qui fait mention de la trame attribuée à Jean de Procida, est François Pipino, auteur plus récent (3).

Au commencement de notre siècle, en 1815, un critique distingué, Hoffmann, dans le *Journal des Débats* (4), abordant le mensonge historique des Vêpres siciliennes, pose d'abord, avec raison, en principe, qu'un seul historien, contemporain et témoin oculaire, qui raconte un fait simplement, est une autorité plus respectable et plus forte que trente écrivains qui, venus plus tard, présentent ce même fait avec des circonstances romanesques.

« Mais — ajoute-t-il, — le vulgaire des lecteurs ne juge point ainsi. Le récit le plus dramatique et le plus brillant est celui qu'il adopte... Des milliers d'hommes

---

(1) Tableau des révolutions de l'Europe, (édit. de 1814,) tome I, p. 254 et 255.

(2) Muratori, Rerùm Stalicarùm scriptores, tome XIII.

(3) Ibid., tome IX.

(4) 1ᵉʳ décembre 1815. Cet article a été réimprimé dans le tome III des OEuvres d'Hoffmann (Mélanges), 1829, p. 222-233.

égorgés au premier coup de cloche des vêpres, sur une vaste surface et à la même heure, à de très-grandes distances, sont un événement bien plus croyable que l'explosion successive d'une haine longtemps comprimée. Ainsi le roman de Fr. Pipino, qui a écrit longtemps après le massacre, doit l'emporter sur le récit de Neocastro, écrivain distingué et témoin oculaire, et sur celui de Speciali, qui raconte le même fait sans en faire un mélodrame. »

Mais, dira-t-on peut-être : « Un témoin oculaire peut avoir des raisons pour dissimuler ou pour altérer la vérité, et il ne serait pas étonnant qu'il eût voulu dérober, à la postérité, les circonstances atroces d'un complot aussi odieux. »

Ou il est prouvé que, bien loin d'avoir horreur de ce massacre, les Siciliens en faisaient gloire ; ils y ajoutaient même des circonstances révoltantes et fausses, comme pour l'embellir et mieux faire éclater leur haine contre les Français. Tel Sicilien, qui n'avait pas osé regarder en face un soldat de Charles d'Anjou, se vantait, après l'événement, d'en avoir égorgé et torturé une douzaine. Jean de Procida lui-même, qui ne dissimulait pas sa haine contre les Français et croyait tout légitime contre les oppresseurs de sa patrie, n'aurait pas manqué de se glorifier d'un aussi grand complot, si réellement il l'avait conçu. « Ce n'est donc pas par pudeur que les premiers historiens n'ont rien dit du fameux coup de cloche qui devait être le signal, mais parce que le fait est absolument faux. »

Parfaitement raisonné ! Maintenant présentons d'abord cette grande catastrophe selon la croyance commune, et voyons si cette version peut résister à la critique.

Après la défaite et la mort de Mainfroy et après le supplice de Conradin, Charles d'Anjou n'ayant plus de compétiteur, régnait seul à Naples, et occupait la Sicile, où commandaient en son nom Eribert d'Orléans, Jean de St-Remi et Thomas de Bussaut. « Gardons-nous — dit avec raion Hoffmann, — d'appliquer nos principes politiques du dix-neuvième siècle aux révolutions du treizième. Les deux princes qui se disputaient le royaume de Naples pouvaient également se dire légitimes ; Conradin, comme fils de l'empereur Conrad IV, et Charles d'Anjou, comme ayant reçu l'investiture du pape, dont la suprématie, *même temporelle*, sur tous les Etats chrétiens, était encore reconnue par un grand nombre de peuples. J'écarte donc toute idée d'usurpation de la part de Charles, ou plutôt je rétablis cette vérité que chacun des deux princes avait le droit de considérer son ennemi comme usurpateur. Ce qui serait faux aujourd'hui ne l'était pas à cette époque. Jean de Procida, qui était sincèrement attaché à la maison de Souabe, avait été dépouillé de ses titres et de ses biens par Charles d'Anjou. Tout ceci est exact et n'est contesté par personne. »

Mais on ajoute que ce Procida trama une grande conspiration en Sicile, et que, d'après les plans des conjurés, on devait égorger tous les Français au même signal sur toute la surface de l'île ; que ce signal était le premier coup de cloche annonçant les vêpres du lundi de Pâques, à Palerme. Ce grand secret, dit-on, fut religieusement gardé ; le complot fut ponctuellement exécuté comme il avait été ourdi ; tous les Français furent massacrés le même jour, à l'exception seulement de Guillaume des Porcelets, qui, étant généralement aimé et estimé, eut la permission de se retirer en Provence, sa patrie. On ajoute encore que, pour reconnaître les Français et ne pas faire de méprise, avant d'immoler une victime, on les forçait d'articuler le mot *ciceri*, très-difficile à prononcer pour les Français...

Telle est l'opinion vulgaire, qu'il faut examiner logiquement et historiquement, avant de rétablir les faits dans toute leur exactitude.

Si les conspirations, dont le secret est confié à un très-petit nombre de personnes, réussissent rarement et sont si souvent découvertes, comment n'est-on pas étonné d'un secret si bien gardé par les habitants de tant de villes et de villages, répandus à de grandes distances sur la surface d'une île qui n'a pas moins de cent quatre-vingts lieues de circonférence ? Pour que le complot réussît, il fallait qu'il éclatât partout en même temps. Il fallait donc aussi qu'il y eût des conjurés et des assassins partout : que d'hommes dans la confidence ! Et parmi ces hommes, plusieurs étaient liés d'amitié, d'intérêt avec les Français, qu'ils devaient égorger ; et beaucoup de femmes étaient attachées par le mariage à ces mêmes Français, qu'elles allaient voir livrer aux poignards, et qu'elles n'avertissaient pas.

« Voilà déjà bien des difficultés, — conclut tout d'abord Hoffmann — mais je n'ai pas encore exposé la plus grande. C'est en 1279 que Jean de Procida, le héros de cette tragédie, et l'inventeur, dit-on, du coup de cloche, arriva en Sicile, et les Vêpres fatales n'eurent lieu qu'en 1282. Dans ce long intervalle, Procida fit deux voyages en Aragon, deux voyages à Constantinople et à Rome. Quoi ! pendant tout ce temps, les Français n'ont conçu aucun soupçon, ils n'ont aperçu aucuns préparatifs ! De Messine à Catane, et de Girgenti à Palerme, aucun homme, aucune femme n'a révélé l'affreux secret à un ami, à un mari ! Convenons qu'ici le merveilleux commence : mais il est temps de faire voir l'absurdité.

« Jean de Procida, qui cherchait à susciter partout des ennemis à Charles d'Anjou, avait enfin déterminé Pierre III, roi d'Aragon, à faire une invasion en Sicile. Le jeune Conradin, avant de recevoir le coup mortel, avait jeté son gant au pied de l'échafaud. Ce gant fut ramassé et porté à Constance, fille de Mainfroy, et dernier rejeton de l'arbre de Souabe. Pierre III, son époux, regarda la transmission de ce gant comme une espèce d'investiture ; il arma une flotte qui devait débarquer dix mille hommes en Sicile, et Procida n'attendait que ce renfort pour soulever les Siciliens, dont il connaissait les dispositions, et pour chasser les Français. Or, la flotte du roi d'Aragon ne fut prête qu'en juin 1282, plus de deux mois après les Vêpres de Palerme. Je demande à tout homme s'il est raisonnable de supposer que Procida, qui, pendant deux ans, avait sollicité cet armement, ait confié le salut de sa patrie au succès d'une conspiration aussi peu certaine, tandis qu'il était assuré de réussir avec la coopération des Aragonais. Charles venait d'armer contre l'empereur de Constantinople ; les Siciliens n'attendaient que le moindre secours pour se soulever, et Jean de Procida, qui fondait toutes ses espérances sur l'Espagne, aurait éclaté avant de recevoir les puissances auxiliaires qui allaient rendre le succès assuré ! Cela est trop absurde. »

Il faut donc reconnaître qu'un événement quelconque

fit soulever les Siciliens avant que Pierre pût les y aider, et que les vêpres du lundi de Pâques en fournirent l'occasion fortuite, sans être le signal d'une explosion dès longtemps méditée.

Voyons maintenant si le récit des historiens sages, et notamment d'un témoin oculaire, présentera quelque chose de plus vraisemblable que le roman de Pipino.

Soit à tort, soit avec raison, les Siciliens abhorraient le joug étranger. Jean de Procida, pendant son séjour en Sicile, avait entretenu ces dispositions à la révolte et il n'attendait que les dix mille soldats de l'Aragon pour la faire éclater. Mais le lundi 30 mars 1282, seconde fête de Pâques, les habitants de Palerme ayant été, selon leur usage, entendre les vêpres à l'église du Saint-Esprit, dans le village de Montréal, à une lieue de Palerme, la licence d'un soldat français dérangea le plan de Procida, loin de le servir, et rendit douteuse une entreprise qu'elle faisait éclore beaucoup trop tôt. Ce soldat, ayant porté une main imprudente sur une jeune femme, fut aussitôt assailli et percé de sa propre épée. Les Siciliens, quoique désarmés, assommèrent les Français répandus dans la campagne, le nombre suppléant au défaut d'armes. Un massacre général s'organise à Palerme, et des armes, cachées jusqu'alors, y sont employées. De proche en proche, d'autres villes imitèrent Palerme; Messine fut la dernière qui prit part à la révolte. Du 30 mars au 28 avril, il y eut des combats ou des massacres partiels, et les Français tentèrent inutilement de reprendre Palerme, tentatives qui, tout infructueuses qu'elles ont été, prouvent au moins que tous les Français n'étaient pas morts au son de la cloche des vêpres.

Ce récit, il faut en convenir, n'est pas aussi dramatique et aussi brillant que le premier; mais il est plus vraisemblable, quoi qu'en dise Hallam, dans son livre d'ailleurs très-estimable, *l'Europe au moyen âge* (1): « Le profond mystère qui enveloppa les intrigues de Jean de Procida prouve, contre une maxime populaire, qu'un secret politique peut être gardé par un certain nombre de personnes et pendant un espace de temps considérable. » Ce qui est une erreur manifeste...

Le vieux mensonge des Vêpres siciliennes était trop théâtral pour ne pas tenter un auteur dramatique; déjà, en 1766, Voltaire proposait à Chabanon d'en faire une tragédie. En 1819, Casimir Delavigne s'en chargea, et l'on sait quel succès politique eurent *les Vêpres siciliennes*, de cet auteur, représentées à l'Odéon. Dans cette tragédie, l'auteur a naturellement suivi le mensonge, en dépit de l'excellent article d'Hoffmann, qu'il avait dû lire; mais peu lui importait, car, selon M. Bert (dans son Examen critique de cette œuvre): « Cette convenance de langage, que nos critiques modernes ont appelée *couleur locale*, est la seule vérité qu'il faille chercher dans les sujets de tragédies empruntées à l'histoire; l'exactitude des faits est le mérite du narrateur: le poëte ne raconte pas, il peint. Il lui est permis d'inventer des faits, de créer des personnages, pourvu qu'il soit fidèle dans l'expression de la nature et dans la peinture des mœurs de l'histoire. »

On pouvait croire le vieux mensonge historique enterré avec la tragédie de 1819, qui depuis longtemps ne

---

(1) 1821, tome III, p. 215.

se joue plus, lorsqu'en 1842, un savant italien, historien de l'école de la vérité (une école qui compte, hélas! peu d'élèves), M. Michel Amari, publia, à Palerme même, sous le titre un peu vague de *Un Periodo delle Istorie siciliane del secolo XIII*, une remarquable histoire des Vêpres siciliennes (1).

Le livre de M. Amari assigne à la révolution et au massacre de 1282 un caractère et des causes en partie nouveaux. Est-ce effectivement un fait avéré, ou est-ce seulement une fable traditionnelle, que la mystérieuse conspiration de Jean de Procida? comme l'affirme l'érudit italien, à la suite d'Hoffmann, dont l'article semble avoir été pour lui un rayon conducteur.

Jusqu'ici on était unanime à voir dans le fait des Vêpres siciliennes le résultat d'une conspiration longtemps méditée, dont Jean de Procida avait été l'âme. L'érudition moderne, sur l'autorité surtout de Giannone, n'avait pas songé à contredire cet étrange roman d'un chirurgien déguisé en cordelier qui, seul, ourdissait pendant des années un complot secret où entraient l'empereur grec, le pape, divers princes, toute la noblesse d'une grande île, tout un peuple enfin, complot merveilleux qui se trouvait éclater à la même heure, sur tous les points d'un même royaume. Il n'y avait rien de pareil en histoire (2)... M. Amari prouve que Procida n'a détrôné personne et

---

(1) Cet ouvrage, dans une deuxième édition, prit le titre plus précis de *La guerra del Vespro siciliano*, (2 vol. in-8).

(2) Et c'est bien là ce qui a séduit C. Delavigne; écoutez le discours qu'il met dans la bouche de Procida :

que c'est lui qu'il faut détrôner ; il établit de plus sans réplique que Procida n'était pas en Sicile pendant les fameuses *Vêpres*... On a vu quel prétexte suffit à l'émeute.

Haine de l'étranger, goût de l'indépendance républicaine, tels furent les deux mobiles des *Vêpres*. Dante ne paraît pas attribuer cette insurrection à une autre cause, et, selon lui, la race de Charles d'Anjou eût été assurée du sceptre, « si le mauvais gouvernement, qui toujours » encourage à la révolte les peuples soumis, n'avait excité » Palerme à crier : Meure ! meure (1) ! » Il y a loin de là au roman de Procida. Tous les documents contemporains, soit imprimés, soit manuscrits, ont été lus et relus par M. Amari avec une laborieuse patience, et ce dépouillement établit d'une manière irréfragable que la tradition reçue jusqu'ici n'a été énoncée que par des

    Pour qu'un chemin plus libre à mes pas fût ouvert,
    J'ai porté le cilice, et de cendres couvert,
    Tantôt, durant les nuits, debout sous un portique,
    Je réveillais l'ardeur d'un peuple fanatique ;..
    Par ces déguisements j'échappais aux soupçons ;
    Ma haine sans péril distilla ses poisons...
    Mais c'est peu qu'indignés d'un honteux esclavage,
    Des mécontents obscurs soient pour nous déclarés ;
    Et nous comptons des rois parmi nos conjurés.
(Les Vêpres siciliennes, acte I, scène I.)

(1) Si mala signoria, che sempre accuora
    Li popoli suggetti, non avesse
    Mosso Palermo a gridar : « Mora ! mora ! »   *(Parad 8.)*

écrivains de beaucoup postérieurs aux événements (1).

En 1855, l'inévitable M. Scribe rima, pour Verdi, un libretto d'opéra sur les Vêpres siciliennes ; si peu historique que soit la tragédie de Casimir Delavigne, le drame lyrique de l'auteur des *Huguenots* l'est encore moins : c'est assez dire. Pour Verdi d'ailleurs, comme pour tout compositeur de musique italien, Procida n'est qu'une *basse profonde*, et une conspiration, un massacre, le tocsin font le meilleur effet du monde dans un opéra *seria*. En 1856, le même livret, traduit en italien, sous le titre de *Giovanna di Gusman*, fut présenté au public lombard, sur la scène de la Scala, à Milan.

---

(1) Voyez un remarquable article de M. Ch. Labitte, sur le livre de M. Amari. (*Revue des deux Mondes*, n° du 1ᵉʳ novembre 1843, p. 478-485).

TABLE DES MATIÈRES

L'Etat c'est moi ! 1
Froissart est-il un historien partial ? . . . .
La mort de Raphaël . . . .
Un roman à propos de Philippe II . . . .
La vérité sur Urbain Grandier. . . . .
Omar a-t-il fait brûler la bibliothèque d'Alexandrie ? . .
La religion de Shakespeare . . . .
Voltaire historien . . . .
Les Vêpres siciliennes . . . .

Angers, imprimerie de Burdin et Cie, rue Saint-Laud, 62.

www.ingramcontent.com/pod-product-compliance
Lightning Source LLC
Chambersburg PA
CBHW050317170426
43200CB00009BA/1352